走る！居酒屋

営業利益
58%の
新ビジネス
「ネオ・キッチンカー」
の始め方

大政大祐
株式会社オーヴエンタープライズ
サムライダイニング代表

文芸社

目次

プロローグ

走る居酒屋が誕生した本当の理由

今でも忘れられない、キツイ一言がある。

「結婚したいので、お店を辞めさせてください」

僕にとって最悪なこの出来事が、営業利益58%の新ビジネス「ネオ・キッチンカー」を立ち上げる、すべての始まりになった。

最初の出会いは、彼がまだ大学生の頃、僕の経営する飲食店のアルバイト募集に応募してくれたことがきっかけだった。

彼の働きぶりと愛想の良さには目を見張るものがあり、しかもイケメンで好青年。アルバイトの中でも目立っていたことを今でも覚えている。

大学卒業後は、一般企業に就職。安定したサラリーマン生活を送っていたが、数年働いたのちに会社を辞めて、なんと僕の経営する会社に入社したいと言ってくれた。

僕を長く慕っていてくれたこともあり、一緒に働く仲間としてこれ以上頼もしい存在はいなかったし、また一緒に働けることが本当に嬉しかった。

将来、僕の会社を任せられるかもしれない、後継者のような立場になってくれるかもしれないと、おおげさかもしれないが、それくらい期待を寄せていたヤツだった。

ところが、彼が僕の会社に就職した2年後の２０１９年、冒頭の出来事は起きた。

「社長、今付き合っている彼女と結婚したいので、辞めさせてください」

結婚するのにどうして仕事を辞める必要があるのだろう。頭が混乱した。

「……一緒に夜ご飯を食べられない仕事の人とは、結婚できないそうです。でも僕、どうしてもこの子と結婚したいんです。だから、飲食店で働くのを辞めます」

僕は全身から血の気が引くのを感じた。ショックだった。それは、働き手が減るからとか、右腕がいなくなるからとか、一緒に働けないのが寂しいとか、せっかくここまで育てたのにとか、そんな理由ではない。

彼女に胸を張って、「やりがいのある仕事なんだ!」と自慢できるような職業に、僕自身がしてあげられなかったことがものすごく悔しかった。

実のところ、僕は彼が辞める前からずっとジレンマを抱えていた。

飲食店に就職して働くよりも、自分で独立開業した方が絶対楽しいということを知っているのに、言ってあげられないこと。会社で働いてくれる人がいないと僕のお店が成り立たないし、優秀な人材には長く働いて欲しい気持ちもある。何より、気の合う仲間たちと一緒に働くのは楽しい。

ただし、今の働き方に不満を感じていて、飲食業界に夢が持てないのなら、独立を勧めるのも一つの解決方法なのかもしれない。でも、僕の会社で働いて欲しい。

こんな自問自答を繰り返し、このジレンマからずっと抜け出せずにいた。

そんな状態だったからこそ、彼の退職の一件でノックアウトされてしまった。心が折れてしまい、求人広告を止め、積極的な人材採用をストップすることに決めた。

飲食業はもっと、夢のある仕事だったはず。たくさんの人から喜ばれ、感謝される仕事だったのに、どうしてこんなに窮屈な職業になってしまったのだろう。

「飲食業はしんどい」を、「飲食業で働くことが楽しい」に変えなければいけない。

ひとりのスタッフが辞めたことで、改めて課題と向き合うきっかけになり、僕は飲食店の新たなビジネスモデルを模索し始めた。

そこで誕生したのが、「走る居酒屋」を始めとする、「ネオ・キッチンカービジネス」である。

「走る居酒屋」のワンシーン。異業種交流会でのひとこま

創業以来、最大のピンチ！

飲食店だけはしたくない。若かりし頃はそう思っていたのに、気づけば僕は、地元の愛媛県松山市を中心に、居酒屋やカフェを5店舗と、5台のキッチンカーを運営する飲食店経営者になっている。

２０２１年には、ありがたいことに、今回のネオ・キッチンカービジネスについて数多くの取材を受け、様々なメディアやテレビの全国放送で取り上げていただくことができた。

僕は、学生の頃から起業することが夢だった。とはいえ経験もスキルもないので、大学卒業後はとりあえず一般企業に就職。3年で辞めると心に決め、ビジネスに必要な〝モノを売る〟スキルと知識を身につけていった。

自分との約束だった3年を過ぎ、本格的に起業する道を模索し始めたが、肝心の何で起業すればいいかが分からない。資格があるわけでも、人に誇れるような特別な経験があるわけでもない。

そして車屋か、保険屋か、飲食店か……頭に浮かんだいくつかの選択肢の中から飲食店を選んだ。

接客が好きとか、食べることが好きとか、飲食業界に特別な想いがあったわけではなかったが、飲食だったら才能を持っていない僕にでもできそうだったから。ちなみに、飲食店で働いたことも、修業した経験もない。

結局は、何を選んでも商品が変わるだけで、〝モノを売る〟という本質はどれも同じ。

モノを売るスキルはサラリーマン時代に磨いてきたし、自信があった。

飲食店をやりたかったわけではないが、飲食店を経営すると決めた。

こうして2001年に個人事業主からスタートし、2006年に法人化。順調に店舗を増やして、2018年には最大9店舗まで拡大。起業してから20年以上の月日が経った。

僕は飲食店を経営しているが、飲食を販売しているとは考えていない。だからといって、料理やサービスに手を抜いているわけではないから誤解しないで欲しい。飲食店である以上、おいしい料理とお酒は当たり前。経営している松山の店舗では、地産地消への取り組みを大切にしながら、良質な食材を手間暇かけて調理した、こだわりの料理を提供している。

では、どういうことなのかというと、弊社はお客様が好きな人たちと語り合う空間を提供する〝空間提供業〟というコンセプトで経営している。これは創業当初から変わらない。

階段席や人工芝で思い思いにくつろげる空間を提供するカフェ「mononofu.」や、ステンドグラス風のおしゃれな壁に、全席が囲炉裏を囲む落ち着いた空間を提供する居酒屋「炉」など、空間づくりに力を入れている。

飲食店は本来、人と人とが繋がる場所で、様々なコミュニケーションが生まれる空間だった。好きな人と一緒にご飯を食べたり、懐かしいメンバーで集まって騒いだ

mononofu.

サムライダイニング炉

り、お客様同士が仲良くなったり、楽しい気分になりたくて利用する。美味しい料理とお酒はもちろんのこと、その幸せな空間を提供するのが僕の仕事だ。

ただ、ここ最近は、飲食店とお客様の関係がギクシャクしているように感じる。SNSや口コミ文化が広がり、誰もが料理評論家になってしまった。批評をするために飲食店に来ているような感覚さえする。これが、飲食店を楽しくない場所に変えてしまった一つの要因ではないかと捉えている。

飲食店に行くことは、本当はもっと楽しいはず。そして、飲食業で働くことも、もっと楽しいはずなのだ。人と人とが繋がり、幸せな気持ちになれる飲食店を僕は取り戻していきたい。

そして、全世界を揺るがした新型コロナウイルスの猛威。

２０２０年、緊急事態宣言が出された4月、僕は信じられない数字を目にした。

「前年度売上85％減」

創業以来、最大のピンチが到来。

政府からの外出自粛要請があり、街から人が消えた。お店を開けていてもほとんど意味がない。だからといって、スタッフに辞めてもらうわけにもいかない。彼らにだって生活があるし、守るべき家族がいる。家賃など、毎月のように固定費が重くのしかかってきた。

コロナは誰が悪いわけでもない。仕方のないこととはいえ、資金繰りに頭を抱え、苦しんでいる飲食店経営者がたくさんいる。当然、僕自身も困ったし、お金が減るばかりで、もうどうにもならないと思ったこともいろいろあった。

だが幸いにも、僕はコロナ禍に入る前の２０１９年頃から、ネオ・キッチンカービジネスを組み立てていて、リリースに向けて動いている最中だった。前に進むしかない。そこで気落ちすることなく、ここまで生き延びることができた。

前置きが少々長くなってしまったが、自己紹介は以上である。

さて、そろそろ本編へ進もう。

本書では、これまでの飲食業界に風穴を開ける新しいビジネスモデル「ネオ・キッチンカー」の全貌を惜しみなく公開した。さらに、時代の流れと共に変化した飲食業界の構図から、僕が分析してきた飲食業界で生き残るための経営戦略についても解説している。

本書は、2店舗目以降の出店を検討している野心を持った経営者、あるいは、コロナで大打撃を受け、復活への道を模索している飲食店経営者に向けて書いた。

現状を打開するためのヒントが見つかれば幸いである。

2022年12月　大政 大祐

第1章

時代の先を読む力

スマホ革命によって何が起きたのか

ネオ・キッチンカービジネスを紹介する前に、なぜ飲食業は夢がなくなってしまったのか。その理由を知るために、まずは飲食業界を軸にした時代の変化を振り返っておきたい。

２０１４年頃、世の中の流れは大きく変化した。スマートフォンが登場したことにより、それまで主流だった「雑誌検索」から「ネット検索」の時代へと突入したのである。

一昔前までは、飲食店を探すツールとして、クーポン誌が利用されていた。クーポン誌とは、飲食店のお得な割引券がずらりと掲載されたフリーペーパーのことである。街中や店頭、コンビニなどで無料配布されていて、誌面をペラペラめくって、目的や予算、好みに合う飲食店を探していた。

有名なところだと、リクルートが立ち上げた「360°（サンロクマル）」という情報誌（ホットペッパーの前身となるメディア）が挙げられる。

広告料を支払い、その紙面に掲載してもらうことで、お店の存在を新規顧客にアピールできる。２００６年頃になると、飲食店検索サイト「ぐるなび」が台頭してきたが、それでもクーポン誌ビジネスの第一線を走っていたホットペッパーの天下は長く続いた。

しかし、２０１０年。スマートフォンの普及によってネット検索が身近になると、世間のニーズが紙媒体から徐々にシフトし始めた。そして、「食べログ」を代表とする口コミサイトが登場すると、使いやすさと情報量の多さに利用者は急増し、この流れは一気に加速。それまでクーポン誌に力を入れていたホットペッパーでさえ、ネットを利用したサービスに舵を切った。

このネット検索の流れによって、飲食業界に何が起こったのか。

それは広告費の増加による利益率の低下である。

飲食店を経営している方ならご存じだとは思うが、もともと飲食業というのは利益率の低い商売だ。しかし、市場規模は大きいため、飲食業界には様々なビジネスが参入してくる。その一つが、ホットペッパーやぐるなび、食べログなどの飲食店検索サイト（広告媒体）である。

飲食店経営者にとって、店舗を全国に向けて宣伝し、新規のお客様を連れてきてくれる広告サービスはなくてはならない。それはクーポン誌の時代からネット検索になっても変わらない。おそらく、ほとんどの飲食店が何かしらのサービスに登録しているだろう。

クーポン誌とは違って、飲食店検索サイトには、店舗の点数や口コミが書かれるようになった。点数や口コミをどこまで参考にするかは人それぞれだが、旅行先や全然知らない土地に行ったら食べログをチェックする、という人は少なくない。だったら点数の高い店舗のほうが選ばれるだろうということで、資金を投入してでも評価を改善しようとするのが本音ではないだろうか。

さらに、２０１４年頃から始まった「従量課金」。この制度に頭を悩ませている飲食店経営者は多いのではないだろうか。

従量課金制度とは、飲食店検索サイト内でお客様が予約をしたら、1人あたり○○円の手数料を払ってくださいね、という制度である。

お客様を呼ぶための宣伝広告だけでなく、〝送客手数料〟も発生するようになってしまったのである。そうなると、予約が入るたびに手数料が発生してしまうので、繁盛するほど経費がかかり、利益が圧迫されていく。

従量課金制度には、もちろんメリットもある。例えば、お客様が食べログサイト内でお店を比較検討した結果、僕の経営する店舗を選んで予約してくれたのだとしたら、食べログサイトに登録する価値は高い。また、公式HPや予約システムを持っていない飲食店にとっても、何十万という初期投資が不要になるので、便利なサービスと言えるだろう。

問題なのは、グーグルなどの検索エンジンでお店の名前を直接入力しても、食べログなどの飲食店検索サイトが1位表示されてしまうことである。

あなたのお店はどうだろう？　試しに、店舗名と地名を入力して検索してみて欲しい。僕の経営する店舗の場合は、「盃（さかずき）　松山市」と検索すると、現状では１位表示がホットペッパーで、２位表示が弊社の公式ＨＰという結果になってしまう。

お客様がお店の予約をする際、予約さえできればＯＫなので、どのサイトで予約するかはあまり関係がないし、意識していない。上位に表示されたサイトで済ましてしまうのが一般的だろう（Ｔポイントが欲しいなどの理由はあるかもしれないが）。

飲食店検索サイト内で僕の経営する店舗を発見し、予約してくれることに対してはありがたいので、しっかり料金を支払いたい。だが、ネット検索で上位表示されないがために、僕のお店を予約したい人まで飲食店検索サイトに流れ、従量課金が取られてしまうことに対しては、なんとも言えない歯痒さを感じている。

店舗名で検索し、たまたま上位に表示されたサイトから予約を入れてくるのは、検索サイトの集客力ではなく、店舗自身の力ではないだろうか？　広告のあり方について考え直す出来事になった。

また、お客様の入り口（集客や予約）だけではない。今度は出口でも利益が圧迫されるようになってきた。出口とは、クレジットカードや電子決済で発生する手数料である。

昨今は電子マネーが主流になり、現金を持ち歩かない若者が増えている。また、新型コロナウイルスの感染拡大で非接触が好まれるようになったことも、電子決済サービス普及の後押しとなっている。時代の流れに対応するには手痛い手数料を支払い、サービスを導入するしか僕たちが生き残る道は残されていないのかもしれない。

そして、Uber Eats（ウーバーイーツ）などのテイクアウトサービスを利用するのにも手数料が発生する。当たり前なのかもしれないが、新たなサービスを導入すれば経費は増え、利益は圧迫される。

僕たち飲食店経営者は、お客様の入口と出口、この両方から中間搾取され、利益率はどんどん悪化を辿る一方なのだ。

最近ではＳＮＳを利用した無料広告にシフトしつつあるが、日々の発信には労力がかかるし、簡単にフォロワーが増えるわけでも、影響力がつくわけでもない。ＳＮＳ

を味方につけるには、やはり戦略が必要になってくる。そうなると、その戦略を商売にするＳＮＳ代行業者や集客コンサルタントといった企業が増え、利用すればまたもや手数料が発生してしまう。

だからといって、広告や宣伝を止めるという選択肢はない。飲食店検索サイトの利用者は多いし、実際に予約してくださるお客様もいるので止められない。

昔は選択肢がなかったため、ホットペッパー一択でも良かったが、現在はどれか一つではなく、複合的にやらなければいけない時代になっている。集客の間口を広げようとすれば、労力もさることながら、広告費や手数料はどんどん増えていく。

営業の効率化による弊害

２０１５年頃から、土木・建築業の景気が絶好調になってきた。実際のところは分からないが、２０１２年に第二次安倍政権が掲げた経済対策、アベノミクスの効果ではないかと推測している。とにかく世の中の景気が上向いてきたのを肌で感じた。

しかし、景気が良くなると、飲食業界は人手不足に悩まされることになる。誰も飲食業界に就職したがらないからである。

景気が上向いてくると、企業は良い人材を確保しようと積極的に採用をスタートさせる。それは飲食業界も同じなのだが、他の業種と同条件、もしくは少し良い条件をつけたとしても、飲食業界が出した求人に応募が殺到することはほとんどない。若者が希望する就職先として、飲食業は選ばれない。昨今、飲食業界は不人気なのだ。

飲食業界の人手不足には、もう一つ、根本的な原因がある。若者人口の減少である。

日本は今、超高齢化社会の進行という問題を抱えている。僕がまだ20代の頃、20～30代の働き手となる人口は多かった。第二次ベビーブーム、団塊の世代の子供たち、いわゆる団塊ジュニアと呼ばれる世代である。当時は働き手が多く、就職口が少ない就職難だったので、どの業界も人手に困ることはなかった。

しかし、団塊ジュニアはどんどん年齢を重ねて、現在50歳くらいになり、そろそろ定年を視野に入れて考える世代になっている。それとは対照的に、働き盛りの20～30代がどんどん減少しているというのが現在の日本の人口分布だ。昔と逆の現象が起きていて、働き手が少なく、どの企業も人手が足りないので、人気のない飲食業界は常に人手不足に悩まされることになる。

就業人口が年々減り、分母は減っていく。良い人材を確保するためには、小さなパイをみんなで取り合うしかない。何とか優秀な人材に来て欲しいと考えると、当然、時給や給与を上げることになり、人件費はどんどん膨らんでいく。

人件費を増やしても、十分に利益が確保できるなら問題ないが、そういう飲食店はごく僅かだろう。先ほど説明した中間搾取によって経費が膨らみ、ただでさえ利益率が下がっているのに、さらなる人件費のアップは経営的にかなり厳しい。

また、市場規模も人口の減少と共に縮小している。

居酒屋でお金を使うのは、仕事終わりに飲みに出掛け、週末にコンパをする、独身の20代後半から30代前半が一番多い。

僕は創業当初からその世代をターゲットにしていたので、オシャレなムードの良い居酒屋をつくり、大手のチェーン店と差別化を図っていた。したがって、団塊ジュニア世代が20代の頃、ターゲットとしていたお客様の層はとても厚かった。だが現在は、ターゲットになる若い世代の人口が減っている状況である。

そのような状況下で、売り上げを爆発的に上げることは難しい。利益を増やすためには、経費をどうにかして削減しないといけない。苦肉の策として飲食業界が考えたことが、少ない従業員でお店を回す、徹底的な効率化だ。個人個人の能力を上げて、生産性を上げる方向に飲食業界は動き始めた。

まず、大手のチェーン店は機械化を推し進めた。システムを導入して、無駄を省き、効率重視でサービスを展開する。大手の回転寿司チェーンのような、半分機械・半分人間がサービスするというビジネスモデルが代表例である。社員は1店舗に1人か2人で、あとは数名のアルバイトという体制。注文はタブレット、料理提供は機械が行うので、少ない人員で営業することが可能になる。

一方の個人店、料理長や板前がいるようなカウンター型の商売は、そもそも少数精鋭での営業である。なので、接客に力を入れたり、独自のメニューを開発したりして、お客様満足度を上げ、売り上げを増やす戦略を取った。

では、大手と個人店の間となる、10〜30名くらいの団体宴会を狙った居酒屋はどうか。ちなみに、この層が僕の商圏ターゲットである。大手のように多額の資金を投入してシステムを導入できるわけではないし、名物となる凄腕のシェフがいるわけでもない。だが、人件費を削減するための何らかの対策を打たないといけない。

そこで、予約システムを導入したり、注文をタブレットにしたりして、営業の効率化を目指した。すると、導入したシステムでまた手数料を取られる事態に。入口と出口だけでなく、中でも中間搾取が行われ、またしても利益率が低下する要因になっている。

こういった状況から、中規模の居酒屋がすべてなくなることはないにしても、生き残ることは難しくなっている。今後は大手のチェーン店か、カウンター型の接客中心のお店か、この2つの業態が残っていくのではないかと予測している。

変わらない売価と増え続ける経費

２００１年に商売を始めた頃、松山市の飲食店アルバイトの時給は平均６７０円だった。

当時を知らない人にとっては、衝撃的な数字なのではないだろうか。２０２２年現在、時給はどこも１０００円を超えていて、当時の１・５倍、下手したら2倍近くになっている。それに加えて、物の原価は当時の2、3割くらい上がり、今までなかった中間搾取でお金を取られ始めている。

さらに恐ろしいことに、およそ20年間、商品の売価はほとんど変わっていない。経費が2倍以上も膨らんでいるのに、お客様への提供価格は変わっていないのだ。つまり、それだけ利益率が低下しているということになる。

もちろん値上げをしたり、ターゲット層を変更したり、時代と共に経営戦略を変えている飲食店もあるだろう。ところが、僕たちがターゲットにしている会社の宴会や飲み会の予算は、４０００〜５０００円が相場と決まっている。結局、この数字が変わらない限り、居酒屋メニューの売価を変更することは難しい。

飲食店のような〝箱〟の商売は、１日の売上の上限が決まっている。40席のお店に１００人も入れないので、お客様を入れられる人数分しか売上は上がらない。よっぽど営業時間を長くしたり、時間制を導入したりして回転を狙わない限りは、どんなに頑張っても2回転がいいところ。１日の売上の上限が決まっている以上、利益を増やすには経費を抑えるしか選択肢はない。

だが、僕の経営するサムライダイニングの場合、コンセプトが「空間提供業」のため、回転を狙って利用時間を切ることをしていない。2時間制にすれば、１日のお客様の入店数を増やすことはできるが、「お客様にゆっくり楽しんで欲しい」という方針からは外れてしまうからだ。

サムライダイニングでは、ほとんどの店舗で、平日は0・2回転、週末は1回転という経営計画を立てている。平日は2割の席が埋まればOK。この数字は、どの飲食店より少ないはずだ。創業当初からこの戦略を採用しているのだが、なぜ、そんなことが実現可能なのかというと、ポイントは3つある。

1つ目のポイントは、イニシャルコスト（初期費用）を下げること。

イニシャルコストを下げると損益分岐点が下がる。お店をオープンしてから早い段階で利益が出るようになるので、月々の売上を無理に高く設定しなくても済むというわけだ。

イニシャルコストを下げる方法はたくさんあるが、例を一つ挙げるとすると、サムライダイニングでは店舗デザインや内装施工をできるだけ自社で行っている。業者に依頼すべきところはお願いするが、自分たちにできる箇所は自分たちで作業している。そのため、他店舗と比べて、イニシャルコストがかからない。

２つ目のポイントは、ランニングコストを下げること。

一番負担が大きいのは家賃である。そのため、サムライダイニングでは、最初の物件選定のポイントを細かく設定している。

ポイントは、
- スケルトンであること（居抜き店舗は潰れたお店のビジネスモデルのため）
- 広くて家賃が安価なこと（20坪以上、坪５０００円以下）
- 道路に面した単独入口であること（心に残る入口がコンセプトでもあるため）

などが挙げられる。これらの条件に合致する物件が見つからない限りは出店しない。

３つ目のポイントは、最大限の席数をとれるよう店舗デザインをすること。

創業した頃の松山の街は、「平日店余り、週末店足らず」の状態だったため、週末の機会ロスを極力減らす（満席によってお客様を逃したくない）ために、最大席数を増やしていた。自社で内装を手掛けることにより、店舗面積全体における厨房エリア

各々が自由にくつろげるように設計された階段カフェ
「mononofu.(モノノフ)」。設計、施工ともに自社で行っている

比率を減らし、お客様のフロア面積を広げることができるのだ。

これらがサムライダイニングの経営戦略である。予約を詰め込み、無理に回転を狙わなくていいので、働く側にとっても負担が少ない。最大9店舗まで店舗展開し、20年以上も飲食店経営を続けてこられた理由は、お店づくりの戦略にあると思っている。

最近の飲食業は楽しくない

飲食業界の人手不足の原因として、超高齢化社会による就業人口の減少と、若者に人気のない業種だからだと説明した。

なぜ飲食業は人気がないのか。その原因についてもう少し考えてみよう。

飲食業界は、世間一般的に「残業が多い」「休日が少ない」「夜が遅い」というイメージを持たれている。確かに、土日祝が休みの一般企業と比べれば、労働環境は厳しいのかもしれない。冒頭に紹介したスタッフが辞めた理由も、家族と過ごす時間のためだった。

また、働き方改革で、仕事に重きを置かなくなり、プライベートを充実させたいという傾向が強いこともあるかもしれない。

しかし、ここ数年、飲食店経営者は給与を上げ、待遇を見直し、働く環境は随分改善しているようにも思う。教育に力を入れ、従業員のモチベーションを上げる努力もしている。

それでも離職率は変わらない。どの店舗も人手不足に悩まされている。

その理由は、飲食業で働くことが楽しくないからではないだろうか。楽しくないから続かないし、やりがいを見出せないのではないだろうか。20～30代の働き盛りの若者たちは、単純に飲食業で働くメリットを感じていないと思うのだ。仕事が楽しくて、やりがいを見出せていたら、給与や待遇はそこまで気にならなくなるはずだから。

どんな要因があるにしろ、僕たち飲食店経営者が、楽しく働ける環境を用意できなかったこと、飲食業で働く魅力を見せてあげられなかったことに変わりはない。

僕の学生時代は、人との関わりや小さなコミュニティが飲食店を通してたくさん生まれていた。接客した時に、そのお客様と仲良くなって、いろんなことを教えてもらったり、学生などはその繋がりで就職が決まったりする時代だった。

店長と従業員という関係、従業員同士の関係、従業員とお客様という関係。飲食業の一番の魅力は、人と人とがつながること。セレンディピティ（幸運な偶然）というか、偶発的な出会いが起こるというか。様々な人が集う場所で、人が繋がる場所が飲食店だった。

さて、現在の飲食業界はどうだろう。時代の流れもあるが、注文はタブレット、予約はネット、お会計は電子決済というように、お客様に接する機会は激減。人件費を抑えるため少数精鋭でシフトを組まれ、従業員同士のコミュニケーションも減っている。

さらに、口コミサイトやSNSが普及し、何を書かれるか分からない恐怖もあるだろう。一生懸命に接客をしていても、悪気はなかったとしても、ちょっとしたミスを叩かれることはある。感謝される仕事どころか、評価される立場になり、お客様と飲食店の関係性はかなり悪くなっている。コミュニケーションどころではない。

そんな機械的で閉鎖された仕事に、誰がやりがいや興味を持つだろうか。きっと就職したいとも飲食店経営がしたいとも思わないだろう。飲食業が本来持っていたはずの楽しさや働く喜びがなくなってしまったのだと痛感している。

問題を根本的に解決しない限り、飲食店で働きたいという若者は増えないし、飲食業で働いていることが楽しいという未来はやってこないだろう。

変わりゆく居酒屋の役割とは

僕は２００１年に創業した時、５年後の２００６年と、10年後の２０１１年の中長期の目標を立てた。具体的には、２００６年に〝法人成り〟をする、２０１１年には現場に立たない、などといった内容である。

実際、それは計画通りに進み、目標はすべて達成することができた。そして、２００６年に法人成りをした際、10年後の２０１６年までの中長期の計画を立てた。その計画とは、店舗数と売上高の具体的な数字である。

それからは目標に向かって進み続け、順調に会社を成長させることができた。70％の飲食店が3年以内に閉店するといわれている中で、計画通りに会社を大きくできたことは経営者としての一つの自信になっている。

ところが、２０１６年。いつもなら10年後の２０２６年までの計画を立てるはずなのだが、この時ばかりは立てられなかった。店舗が増えてくると、それなりに忙しくなり、俯瞰して業界全体を見ることができなくなっていたのである。

さらに時代の流れが早くなり、先行きを予想することが難しくなっていた。それでも、会社を成長させなければいけないと思い、２０１６年からの2年間、計画なき出店を続けた。

今振り返れば、成長ではなく、膨張していたのだと思う。日々タスクに追われていて、完全に仕事している気になってしまっていた。実際は、ただ作業していただけで、経営者としての仕事は何もしていなかったと今になって反省している。

２０１６年、ネット検索に切り替わる時代の流れの中で、追い打ちをかけるように居酒屋業界全体に逆風が吹くことになる。

「飲み会スルー」「忘年会スルー」という言葉が流行したことを覚えているだろうか。若者が会社の飲み会や忘年会を欠席する時代になってきたのだ。

「業務外ですよね?」「給料出ませんよね?」という価値観の世代が登場したのである。定時で会社を退社し、一度自宅に戻ってから居酒屋に再集合する、なんてことが難しくなってしまった。一昔前なら強制参加も許されただろうが、今の時代、飲み会を強要することは決してできない。

この流れは、10～30名の宴会をターゲットにしている居酒屋の需要が激減することに繋がっていく。

また、東京にUber Eatsが進出して「家飲み」を楽しむ人も徐々に増えてきた頃である。この流れはいずれ、地方の飲食業にも襲いかかるだろうと考えていた。

コミュニケーションの場としての居酒屋の役割が変わり始め、飲食業の収益構造自体が厳しいという現実に直面し、いよいよこのままではいけないと動き始めた。

まずは会社の膨張を止めるために、最大9店舗まで膨れていた店舗数を減らし、求人を止めて、会社をコンパクトにする決意をした。

しかし、商売を続けていく以上、会社は成長させなければいけない。さて、どうすればいいのか。さらに頭の片隅では、どうしたら飲食業がまた楽しくなるのかを考え続けていた。

そんなある日、キッチンカーでサンドウィッチの販売をしている後輩から相談を受けた。

毎朝、1人でキッチンカーに乗り込み、仕込みをして、決められた場所で販売をし、準備していた商品が売り切れたら店じまい。毎日毎日、この繰り返しだというのだ。どうやら彼は仕事がルーチン化してしまうことで悩んでいるらしい。さらに、準備した数しか販売できないので、売上の天井もあらかじめ決まってしまう。

彼に提案した解決策は、僕が経営しているお店の一つである「mononofu.」というカフェでサンドウィッチを販売することだった。そうすることで他者とのコミュニケーションが増えるし、いくらか売上も増えるだろうと考えたのである。

彼の相談を受け始めたことで、新たな発見があった。これまで専門外だったキッチンカー業界についての情報を得られるようになり、いつの間にか僕はキッチンカー経営についてかなり詳しくなっていた。知れば知るほど、キッチンカーを上手く利用すれば、現状の居酒屋が抱えている課題を解決できるのではないかと可能性を感じ始めた。

「走る居酒屋、めっちゃええやん！」

ずっと模索していた新しいビジネスモデルのアイディアが頭に浮かんだ。

こういう方法だったらスタッフが独立しやすいかもしれない。きっと楽しく働けるはず。いや、これはしんどいだけだな、などど、そこから約1年かけて試行錯誤を繰り返し、このアイディアをじっくり形にしていった。

そして２０２０年、走る居酒屋を始めとするネオ・キッチンカービジネスが誕生したのである。


このままではいけないと立ち止まり、現状の会社の分析と飲食業の将来を想像できたことが大きなターニングポイントになった。もし、２０１９年頃からネオ・キッチンカービジネスを温めていなかったら、きっと今頃、コロナの猛威によって、飲食店経営は苦しかっただろう。精神的にきつくて鬱になっていたかもしれない。

経営者の仕事は、ルーチンワークをこなすことではなく、目的地を定めてあげて、それに向かって会社という船を進めていくことである。目的や着地点の分からない船は、いつかほころびが出て沈んでしまう。そのほころびに気づけたのが、２０１８年だった。

階段を上がっていく途中で、踊り場を作り、歩いてきた道を振り返ることは、遠回りに思えるかもしれないが、経営者としてとても重要なことである。

第2章

ネオ・キッチンカービジネスの全貌

課題を解決する「走る居酒屋」

「走る居酒屋」とは、ネオ・キッチンカービジネスの商品の一つである。

キッチンカーの居酒屋というと、屋台をイメージする人が多いのではないだろうか。出店場所にトラックを駐車し、カウンター越しにお酒や料理を振る舞うスタイルを大抵の人は想像する。または、居酒屋メニューをキッチンカーで移動販売しているのだろうと考える人もいるが、どれも違う。

走る居酒屋とは、「完全予約制の出張貸切居酒屋」である。

飲食店舗の一部、大型個室がお客様のもとへ移動して、料理やドリンクを提供するサービス、と説明すれば伝わるだろうか。そのため利用料金は、居酒屋で宴会をするのと同価格に設定している。１５０分飲み放題付きのコースで１人あたり４５００〜６０００円程度。飲食店舗のある拠点から60〜70キロ離れた地域や、高速道路を使用する場合については追加料金を頂戴している。

すなわち、走る居酒屋は松山市内だけでなく、愛媛県全域が商圏になっているのだ。

ケータリングや出張シェフに近い形ではあるが、価格帯が大きく異なっている。一般的にケータリングを頼むと、お店で飲食するよりも高額になってしまうことが多い。その分、見た目の華やかさはあるので、周年イベントやパーティーには適しているが、身内の集まりや会社の宴会で気軽に使うにはハードルが高い。走る居酒屋は、あくまでも居酒屋。宴会を予約するのと同じ感覚で利用することができるのが大きな魅力である。

また、他にはない新しい試みが、ドリンクをサーバーで提供できる点だろう。通常のキッチンカーの場合、ビールは瓶や缶で提供せざるを得ないところが多いが、走る居酒屋のキッチンカーには、ビールサーバーやジュースサーバーをセットしている。そのため、注ぎたての生ビールをお客様に味わってもらうことが可能になった。ドリンクの種類は、生ビールに加えて、ハイボール、酎ハイ、日本酒、焼酎、カクテル、

走る居酒屋のサービスは
100名様ぐらいまで対応可能だ

ソフトドリンクなど、居酒屋の飲み放題と同じ内容にしている。

お客様の好きな場所（トラックを駐車できるスペースが必要ではある）で、周囲を気にせず、好きな人たちだけで、居酒屋と同レベルの宴会を楽しむことができるサービス、それが走る居酒屋である。

先ほども軽く触れたが、走る居酒屋は県内全域が出張可能範囲だ。キッチンカーが走れる場所ならどこへでも行くことができる。例えば、電車やバスの本数が少ない不便な場所、山奥の過疎地、フェリーを使って離島に行くことも可能だ。

通常であれば、人口が少ない場所で店舗型のビジネスをするのはリスクが高い。だが、走る居酒屋は完全予約制の出張型なので、利益が確定した状態でお客様のもとに行くことができる。リスクを抑えながら、商圏を2倍以上に広げることが可能になった。

走る居酒屋のメリットや注意点、実例などについては後の章で詳しく解説する。

ランチタイムの「キッチンカー」営業

走る居酒屋のサービスは、２０２０年３月のお花見宴会の需要に合わせてデビューさせる予定だった。２０１９年の12月、年末の忙しい中、銀行に融資してもらい、２０２０年の1月にはトラックを調達。着々と準備を進めてきたのだが、お花見を目前にして大問題が発生する。新型コロナウイルスの蔓延だ。２０２０年4月、緊急事態宣言が出され、世の中はお花見どころではなくなり、デビューを見送ることとなった。

しかし、走る居酒屋は、自宅や会社の敷地内で利用することができるし、他のお客様を気にせず、身内だけで飲食を楽しめる。試しにＳＮＳで新サービスを発表すると、多くの方から好意的な反応が返ってきた。走る居酒屋はコロナ前から温めていたビジネスモデルで、たまたま時期が重なっただけなのだが、やはりコロナ対策として捉えた人がほとんど。図らずとも、「対策が早い！」という評価をいただくことになった。

実際に利用してくれたお客様からは、「外に出られないけど、これだったら食事を楽しめる。遠いところありがとう」という、感謝と喜びの声をいただくことができた。


走る居酒屋のリリースと同時に、通常のキッチンカーとしても稼働をスタートさせた。夜はサムライダイニングの料理を提供する走る居酒屋、昼間は通常のキッチンカーと同じように移動販売を始めたのである。

目的は、走る居酒屋というサービスを広く認知してもらうこと。行列のできるキッチンカーを作ることではない。ランチを買いにくる会社員が通りそうな場所に出店したり、店舗の駐車場を借りて出したり、イベントに参加したりしながら、チラシを配って新サービスを宣伝した。

走る居酒屋のキッチンカーは、あらゆる厨房設備を整えているので、どんな料理にも対応できる。そのため、固定のメニューではなく、実店舗の居酒屋やカフェで提供しているメニューを上手く活用し、今日はカレーの日、おでんの日、スイーツの日な

地元飲食店とのコラボ出店。
サムライトラック × 焼肉京城園
サムライトラック × うどん空太郎
トラックの可能性は無限大だ

どと日替わりで販売した。実店舗でも販売している料理なので、食材のロスや費用、仕込みの手間などを抑えることができる。利益を出しながら宣伝もできるという一石二鳥、それ以上の価値が得られるというわけだ。

メニューを自由自在に変更できるので、様々なイベントに参加できるというメリットもある。スイーツ系のキッチンカーが集まるイベントにも、お肉フェスにも出店することができる。イベントに合わせてお店の商品を切り売りするだけなのだ。

これらのサービスをリリースした2020年4~5月頃。この頃はほとんどの飲食店が休業状態だった。まだ自粛要請や時短要請が出る前ではあったが、お店を開けていても、肝心のお客様が来ない。多くの人が外出を控えていたので、街中から人が消え、お店を開けていても仕方ないという厳しい状況。地方の飲食店は死にかけていた。

その中で、テイクアウトやキッチンカーを始めた飲食店を応援しようという動きがあり、走る居酒屋やキッチンカーの追い風になった。

「動く空間」プロジェクト

キッチンカーの次に製作したのは、お客様に空間を提供するトラック、名づけて「動く空間」だ。このトラックが1台あれば、ＤＪブースになったり、物販もできるスペースになったり、どんな場所でも会場に変えることができる。

僕は居酒屋やカフェを経営しているが、すべて空間提供業だと思っている。ご飯が美味しいのは当たり前で、プラスどんな楽しい体験や居心地の良い空間を提供できるかというのがコンセプト。だからこそ、料理やドリンクだけでなく、お客様が希望する空間も移動してしまおうと考えた。

トラックの屋根はガルウィングになっていて、フルオープン。また、キッチンカーと違って、このトラックには厨房設備がない。床をしっかり作って、スペースを広くとっているので、お客様の要望に合わせた空間・場所を提供することが可能になる。

機材を搬入すれば、洋服や雑貨を販売する物販会場になり、テーブルと席を設置すればレストランに。大きいトラックを使用しているので、10人程度が座って、ゆったりと寛げる空間になる。

他にも、アクセサリー作家のポップアップで利用したり、冬にはコタツを持ち込んでみたり、様々なチャレンジができる。砂浜にキッチンカーと動く空間を用意すれば、海の見えるレストランができるし、キャンプ場に持っていけば、星空レストランができる。キッチンカー×空間を移動するだけで、好きな場所を宴会場に変えることができるのだ。

さらに、ウエディングにも応用できると思っている。プロポーズした思い出の場所にトラックをセッティングして、そこで結婚式の二次会やパーティーをするのも面白いだろう。

キッチンカー×動く空間の使い方は無限に広がっている。

動く空間プロジェクトは、2020年9月にクラウドファンディングに挑戦した。資金調達という目的ではあるが、全国の方に新しい動く空間プロジェクトを知って

海で開催したイベントでの「動く空間トラック」。
DJ機材を持ち込んでの「DJブース」トラックに

ドリンクに特化したサムライトラック3号車。全面開口が特徴

もらいたい、宣伝したいという意図もあって行うことにしたのだった。おかげさまで目標金額を達成し、広告宣伝の意味も含めて、プロジェクトは大成功した。

商売をやる時は、ターゲットを絞るためにペルソナ設定をするのだが、僕は人生で出会う人すべてがお客様だと思っているし、そういうつもりで生きている。だから、いろんな人にサムライダイニングを知ってもらう努力を日々、続けている。

キッチンカー5台で「野外イベント」開催

コロナで勢いは落ちたものの、大型野外イベントや野外コンサート、キッチンカーのフードイベントなどが年々増えているのを感じていた。飲食店は街中に店舗を構えて商売をしているので、野外イベントは僕たちにとってライバルになる。

それならば、キッチンカーを持っていればイベントに参加できるし、自分たちでイベントを開催することもできるのではないかと考えた。つまり、野外イベントはライバルではなくなり、新しい収益の柱になるということである。

そこで、最初のキッチンカーがデビューしてから約1年間で、5台までトラックを増やした。5台あれば、ドリンク専門、スイーツ専門、カレー専門、お肉専門というように、客層に合わせてキッチンカーを自由にセッティングができる。それらに加えて、動く空間が合わされば、食事・ドリンク・雰囲気づくり、イベントに必要な要素をすべて揃えることが可能だ。

通常、イベントを開催しようと思ったら、複数台のキッチンカーに声をかける必要があるが、5台あるので自分たちのキッチンカーだけでイベントが起こせるようになってしまった。こういう風に言うと、他の業者には嫌われてしまうかもしれないが(笑)。もちろん、今は他のキッチンカーも巻き込みながら、イベントを開催している。

2020年4月のコロナの混乱で自粛したお花見イベントは、2021年にリベンジを果たすことができた。他社のキッチンカーに協力してもらい、来場者数は3千人を超え、大盛況に終わった。

愛媛県松山市城山公園でのイベント。
キッチンカー10数台によるフードフェス

位置情報アプリ「KITPIN（キッピン）」

キッピンとは、キッチンカーの移動販売に特化した位置情報サービスのことである。

アプリを見れば、目当てのキッチンカーが今どこにいるのかが分かるようになっている。

キッチンカーでの商売は、都市部を中心に広がりを見せているにもかかわらず、未だにキッチンカーを管理するプラットフォームが整備されていない。

これは飲食店舗でいうところの、食べログやぐるなび、ホットペッパー、Google ビジネスのようなサービスのことである。飲食店舗は集客用のプラットフォームが整備され、大手が続々と参入しているのだが、キッチンカーは未開の地となっている。

その理由は、キッチンカーは移動販売が中心のため、位置情報の登録が難しいからだろう。人の動きや時間、イベントなどに合わせてキッチンカーが移動するので、一定の住所というものが存在しない。そのため、Twitter や Instagram、Facebook などのSNSを利用して、各々が出店場所の告知・宣伝をするというのが現状の方法である。

ところが、問い合わせ先が分からないと、様々な不都合が起きる。例えば、イベントにキッチンカーを呼びたい、ショッピングモールで販売してほしいと主催者が企画を考えても、どこに連絡すればいいのかが分からない。飲食店舗であれば、お店の名前をネット検索すれば、食べログのような情報サイトやお店のHPがヒットするが、キッチンカーは問い合わせ先が不明なことが多い。

キッチンカーにとっては大きな機会損失になり、得られるはずの利益を逃してしまうことになる。そこで、現在の出店場所が分かり、問い合わせ先となるプラットフォームが必要だと考えた。それが僕の会社が立ち上げたKITPIN（キッピン）である。

キッピンは、特にイベント開催時に大活躍する。大きなイベントを開催するには複数台のキッチンカーが必要になってくるが、主催者が1台、1台声をかけていくのは大変な作業になるし、募集をして選抜するのも手間と時間がかかる。だが、キッピンに問い合わせてもらうことで、出店の依頼がとてもスムーズに行えるようになる。

また、僕はキッピンに登録してくれているキッチンカーだけで、数か月に一度イベントを開催している。通常、イベントに参加するには出店料などが発生するが、キッピンのイベントに関しては、無料で出店できるように手配している。

現在は愛媛県でのみの稼働だが、今後、県外にも範囲を広げていく予定だ。

興味のある人は、ぜひキッピンをダウンロードしてみて欲しい。また、キッチンカーを登録したい方もぜひ。

iPhone から　　Android™ から

アプリ導入はこちらから

失敗しない！「キッチンカーの製造販売」

ネオ・キッチンカービジネスは、キッチンカーに関わるすべてのサービスを網羅できるよう準備している。

僕はキッチンカーに関しては様々なことにトライしてきたので、これまでの経験や知識、職人との繋がりを活かして、キッチンカーの製造販売、コンサルティングサービスなども行っている。キッチンカーの製造販売でいえば、大阪のクラフトビールのキッチンカーをプロデュースさせていただいた。

僕たちが製造するキッチンカーは、保健所や車検を通す目的だけではなく、使い手の視点で考え抜かれた設計になっていることが最大の特徴だ。

それは、厨房の使いやすさや動きやすさの動線づくり、見せ方にこだわった、商売として繁盛するキッチンカー。使い手の立場で考えないと、見た目はカッコいいけど使い勝手が悪かったり、流行などの変化に対応できなくて、潰しがきかないキッチンカーになったりしてしまう。

キッチンカー商売というのは、基本的に商品が次々と変わっていく。最初に売る商品を決めて、その商品がブレイクし、売上が上がるというのが成功パターン。何が当たるかは分からないので、トライ&エラーでいろいろな商品を試して、どれかが当たればいい。むしろ、その方が商売として失敗しにくい。

そのため、大成功するキッチンカーではなく、失敗しにくいキッチンカーを提案するようにしている。例えば、「サンドウィッチが販売したいので、ガスコンロは1個でいいです」と言われても、「オーブンを入れていたほうが、後々活用できるので入れましょう」と必ずアドバイスする。サンドウィッチだけ販売できればいいし、小さいキッチンカーで費用を抑えようと考えていても、その商品がダメになった時に潰しが利かないからだ。

容量の大きい冷蔵庫や冷凍庫、便利な厨房機器を設置しておくなど、起こりうる問題を想定して、あらかじめ準備しておいた方が、たとえ一度失敗しても再挑戦しやすい。だから、どんな料理にも対応できる大きめのトラックで、変化に強いキッチンカーを提案している。実際、オーブンなんていらないと不満気味だった方が、今となってはオーブンがないと営業できない！　と喜んでくれている。

通常のキッチンカーはもちろんのこと、走る居酒屋用のキッチンカーを製造することも可能だ。走る居酒屋を自店に導入したいという方がいれば、現在の飲食店舗でやっていることや希望をヒアリングして、それらを実現できるキッチンカーを提案している。

弊社の場合は、トラックを5台揃えたが、走る居酒屋だけなら1台でも全く問題ない。自社でイベントを開催したり、空間を演出したりする場合のみ、複数台のキッチンカーが必要になってくる。会社の規模や、どこまで手を広げるかなど、各々の判断によって変わってくるだろう。

ネオ・キッチンカービジネスは、2店舗目や3店舗目など、店舗展開を考えている経営者に最適なビジネスモデルである。キッチンカーの導入は初期費用こそかかるが、新店舗を出すより断然安い。リスクを抑えながら、売り上げを伸ばすことが可能になる。

リスクを抑えながら、弊社のビジネスモデル（トラックをレンタルしての）を利用できるフランチャイズモデルも用意している。

第3章

不況を乗り越える経営戦略

飲食業のライバルは誰か

飲食店を経営するにあたって、ライバルは誰なのかを考えてみて欲しい。

ちなみに、それは同じ商圏の飲食店や同業他社ではない。この視点が違っていると、ただただ終わりのない価格競争に巻き込まれてしまうことになるので、注意が必要である。

飲食店のライバルは、「家庭」だ。

それは、自宅の食事に満足していたら、わざわざお金を払ってまで外食するメリットを感じないからである。昨今は、コンビニのレベルが上がり、軽視できない存在になっている。コンビニ弁当や冷食、スイーツなど、あらゆる美味しいものが手軽に、かつ日常的に家庭で食べられるようになった。

普段の食事で満足できてしまうと、そもそも僕たち飲食店は選ばれない。まずは、街に出てきてもらうこと。外食をしてもらう動機付けを作っていく必要がある。「今日は○○を食べたい」「○○が美味しいって評判だから、行ってみたいね」などと、外食をする理由がたくさんある中で、どうしたら自分のお店を選んでもらえるかを考えなくてはいけない。

そのため、サムライダイニングでは、家庭では作れない料理、自宅で作るにはちょっと面倒に感じる料理を提供することをコンセプトにしている。例えば、炭火焼きや揚げもの料理などが代表的だ。

ほかにも、愛媛県産の鯛を使用した鯛めし、手毬寿司、溶岩焼きなど、家庭では味わえない料理を提案し続けている。

家でご飯を食べることや、コンビニ弁当を買うことなど日常生活から、どれだけ外食する価値を上げられるか、また、非日常を提案できるかがポイントになってくる、ということだ。

また、家庭では楽しめないことの一つとして、サムライダイニングでは、５００種以上の焼酎や30種以上の日本酒、いわゆる和酒を多数取り揃えている。家庭では普段

焼酎や日本酒の味が視覚的にわかりやすくなるように
ディスプレイされた「チャート図」。サムライダイニング銀（しろがね）にて

飲めないような珍しい日本酒（十四代や而今、新政など）や、焼酎（森伊蔵や魔王、村尾など）を常時楽しむことができる。

そして、サムライダイニングではお客様が過ごす空間づくりを大事にしている。時間を忘れてゆっくりしてもらうことで、満足度を高めている。

外食してよかった、あのお店にまた行きたいねと体験価値を感じてもらい、次に繋げることが重要なのだ。

飲食店のライバルは同業他社だと認識していると、価格競争になり、消耗戦になってしまう。そうなると、資金力のある大手居酒屋チェーンには勝てない。低価格競争の波に呑まれ、経営は苦しくなるだろう。

成功を左右する、商売の5つのポイント

飲食業だけでなく、すべての商売には5つのポイントがあると考えている。

平均点が取れていることは前提条件で、どれかのポイントで突き抜けないと勝負には勝てない。

そのポイントとは、次の5つである。

❶ 商品力
❷ 接客・サービス
❸ 価格
❹ 立地条件（リアル・ネット上）
❺ 体験価値

まずは、世界で成功している飲食店の例として、マクドナルドを分析してみよう。ぜひあなたも、マクドナルドがどのポイントで勝っているのか予想してみて欲しい。

あくまでも僕の分析であり、実際のところは定かではないのでご容赦願いたい。

日本にハンバーガーショップはいくつもある。本音を言えば、マクドナルドより美味しいハンバーガーはいくらでも作れると思っている。実際、食材にこだわったハンバーガーや、オリジナリティ溢れるハンバーガーショップは全国各地にたくさんある。

それでも、ナンバーワンはマクドナルドだ。

では、人気の理由は価格だろうか。確かにリーズナブルではあるが、同価格帯のショップはいくらでもある。

それでは僕の答えを発表しよう。それは「立地条件」だ。

マクドナルドは、圧倒的な出店戦略で頂点を取っている。駅前や人通りが多い場所ならどこでもいいわけではなく、人の流れや商圏をしっかり分析したうえで店舗を構えている。もはや不動産業といっても過言ではないだろう。

そして、もう一つ考えられるポイントが「商品戦略」だ。

マクドナルドのハンバーガーが無性に食べたくなる時はないだろうか。何となく匂いにつられ、立ち寄ってしまったという人は少なくないはずだ。

人は子供の頃に食べたものがソウルフードになる。家族でマクドナルドへ行った思い出やワクワク感、味、匂い、それらの記憶がすべて身体に染み込んでいる。だから大人になった時、ふとマクドナルドの味が恋しくなって、食べたくなるというわけなのだ。お母さんの手料理が食べたくなる感覚と同じである。そのため、マクドナルドは、ハッピーセットを代表とする子供向けの商品やサービスに特に力を入れている。立地条件と子供向けの商品、この2点を押さえることによって、マクドナルドはハンバーガーショップの頂点を取れたといえるだろう。

次に、キッチンカービジネスの5つのポイントを考えてみよう。

まずは「体験価値」。

「キッチンカーでご飯を買う」という体験は、基本的にどこのキッチンカーでも同じなので横並びになる。次に価格。キッチンカーの場合、大体400〜1000円くらいが相場なので、これもほとんど差がない。

こうなると、残された3つのポイントのどこで勝負をするかという話になる。キッチンカー商売の勝率は、スタート時から60%なのだ。売れる出店場所を探すか、接客・サービス力を高めるか、それとも魅力的な商品を生み出すか。これら3つのどこかで突き抜けないと、間違いなく船は沈没する。

この勝負で勝っている人、キッチンカービジネスで成功している人は、商品力が優れている。売れる商品=キラーコンテンツを持っていると、その商品を求めて人が集まってくるので、かなり強い。これはキッチンカービジネスに限らず、飲食業界全体に言えることである。例えば、兵庫県神戸市三宮に本店がある「RedRock」のローストビーフ丼や、香川県丸亀市に本店がある「一鶴（いっかく）」の骨付鶏などがキラーコンテンツで成功を収めている。

しかし、キラーコンテンツを生み出す難しさや大変さは、飲食店を経営している人なら容易に分かるだろう。売れる商品を当てることは簡単ではない。

商品力以外を考えると、接客・サービス力を高めて、あの人に会いに行きたいとか、あの人が来るから行きたいとか、商品を提供する人が愛されること。または、大きなイベントに参加することや、好条件な販売場所を確保できるかどうかにかかってくる。

キッチンカービジネスで勝つ方法は、「商品力」「接客・サービス」「立地条件」の3パターンしかない。かなり分が悪いことがイメージできただろうか。

なぜタピオカ店は消えたのか

飲食店を経営するうえで、「美味しい」は絶対条件である。

では、料理を食べて、「美味しい」と「むちゃくちゃ美味しい！」の差が分かるだろうか？

恐らく判断が難しいのではないかと思う。「不味い」と「美味しい」の差は歴然なので、一定の水準を超えていれば人は美味しいと認識する。だが、美味しい料理を「むちゃくちゃ美味しい！」に変えるには、料理人の腕や食材の力だけでは難しい。そこで重要になってくるのが、料理に付加価値をつけること。他では得られない珍しい体験価値である。

例えば、都会で増えている会員制の飲食店で考えてみよう。お客様側は、むちゃくちゃ美味しい料理が食べられると思ってお店を予約しているが、美味しさを倍増させているのは、珍しい体験価値である。一般の人では予約の取れないお店で食事をしている特別感、または優越感といった体験価値にお金を払っているといえるだろう。

飲食店は、流行りの商品を追いかけてしまうと経営がしんどくなる。一世を風靡したタピオカミルクティーも焼き芋専門店も高級食パン専門店も、一気にお店が増えて、すぐに停滞した。ビジネスの寿命は年々、短くなっている。

僕が起業した頃に比べて、ビジネスの移り変わるピードが速くなった。

ここ数年の話だと、見た目重視の「インスタ映え」する料理や、生の牛肉に雲丹を乗せた「うにく」、目の前で炙るパフォーマンスが人気な「炙りしめ鯖」など、多くの流行が生み出された。

一部の地域で人気が出ると、一斉に真似して街中に溢れ出す。うにくは、元々は銀座のお寿司屋さんが始めたメニューだったと記憶しているが、すでに全国区になっている。

スイーツの場合は、コンビニのレベルが上がっているので、ヒットさせることがさらに難しくなっている。手軽さやコスパの良さでコンビニに勝つのは正直、厳しい。

その中でも今、話題になっているスイーツがある。北海道の「しめパフェ」をご存じだろうか？　お酒を飲んだ最後にパフェを食べるという北海道の習慣なのだが、何年も前から地元に根付いているらしい。パフェを売りにしているのではなくて、締めにパフェを食べる文化、習慣を売っているといえるだろう。そういうお店は強いし、なくならない。

ネオ・キッチンカービジネスも、こういったポジショニングを狙っている。

とはいえ、理想はオンリーワンの商品を作って、それだけで集客できることである。キラーコンテンツを作りたいという想いは、飲食店を経営している人なら誰もが持っているに違いないだろう。

どのお店もオンリーワンの商品開発を目指しているが、そう簡単には見つからないから、総合居酒屋としていろんな商品を提案し続けている。流行っているからとりあえず取り入れようというのは良くないが、旅先で食べた料理が美味しかったから、改良してメニューにしてみようというチャレンジは常にしていると思う。ここを履き違えて、流行の商品だけを追ってしまうと商売はしんどくなる。

僕たちのような中規模の飲食店は、隙間を狙っていかなければいけない。いわゆるランチェスター経営を目指さないと、生き残ることは難しいだろう。

でも結局、1つのコンテンツが当たると、みんなが真似して、最終的には大手が真似し、ビジネスの美味しいところを全部取られてしまうのだが……。類似サービスでは、資金力のある大手の方が展開スピードが速いし、規模が違う。

だからこそ、商品開発はもちろんのこと、珍しい体験価値を与えられるような新しいビジネスモデルを考えていくことが重要なのである。

キッチンカー起業との違い

現在、キッチンカービジネスに携わる方法は、「独立開業パターン」「副業パターン」「参入型パターン」の3つがある。

1つ目の独立開業パターンは、脱サラして起業したい人や、元々、移動販売に興味があった人、または、いずれは店舗を持ちたいけれど、リスクが高いからキッチンカーから始めてみようと考えた人などが当てはまる。

2つ目の副業パターンは、東京などの都心部によく見られる。平日の昼間はサラリーマンをしているけれど、週末はキッチンカーのイベントに出店したりして、限定的に活動しているスタイルだ。秋頃に一気に増える焼き芋販売の多くはこのパターンに当てはまるだろう。

3つ目は、企業が販路拡大の目的で出店している参入型パターン。あくまで例だが、ミスタードーナツがキッチンカーでドーナツを販売しているイメージだ。実店舗の商品をキッチンカーで移動販売することで、認知を広げられる。走る居酒屋の昼間のキッチンカー商売は、このパターンに当てはまる。

この3つのパターンの中で、最もスポットライトが当たっているのが「独立開業パターン」である。設備投資はトラック1台分、目玉となるメニューが1つあればＯＫ。

飲食店舗を持つよりリスクが低く、開業にかかる資金も少なくて済む。

参入障壁が低いことから、キッチンカー起業は一時期ブームになった。しかも、行列のできるキッチンカーをメディアがこぞって報道したので、「キッチンカーは儲かる」というイメージが世の中に先行してしまったように感じる。

しかしながら、始めやすいことと成功しやすいことは別の話である。キッチンカービジネスは参入障壁こそ低いが、商売を成功させるにはかなり難易度が高い。先ほど説明した通り、キッチンカービジネスで勝つには、商品力かサービス力か出店場所か、どれかで突き抜けるしかない。挑戦する人が多い一方で、撤退する人も多かった。キッチンカーは飲食店の生存率より低いのではないかと推測している。


では、走る居酒屋はどこで勝負をしているのか。

その答えは、「体験価値」である。

従来のキッチンカーで得られる体験は、「キッチンカーでご飯が買える」というもので、どこも横並びという解説を前にした。それは、お客様がキッチンカーまで商品を求めに行くという構図だからである。

走る居酒屋はそこが違う。走る居酒屋は、自らがお客様のもとへ出向き、予約してくれた、たった１つの団体にサービスを提供する。自宅や会社の敷地内にキッチンカーを呼んで宴会をするという、キッチンカーとしても飲食業界としても珍しい体験価値を得られるというところでポジションを取っているのだ。

走る居酒屋は、料理を売っているのではなく、珍しい体験価値を売っている。居心地の良い自宅の庭で、好きな人たちで集まり、注ぎたての生ビールを片手に会話を楽しみながらコース料理を味わうという、今までになかったサービスを体験することができるのだ。

さらに、１日の売上が予測できないキッチンカーの移動販売とは違い、走る居酒屋は予約が入ってから出動するので、１日の売上が確定している。

したがって、立地条件は全く関係がない。人の少ない過疎地であろうが、離島であろうが、呼ばれたところへ走っていくだけだ。もしも予約が入らなければ、稼働しなければいいだけなので、人件費も食材費もコントロールできるというわけなのである。

また、従来のキッチンカーの場合は、商品が売れなければ赤字になってしまう。それは飲食店舗でも同じ。お店をオープンしてもお客様が0であれば、売上は0。人件費などの経費を考えれば大赤字である。

ところが、走る居酒屋の場合は、商品が売れなくても、トラックを走らせることで得られるメリットがある。それが広告・宣伝目的としての移動販売だ。

走る居酒屋というサービスはまだ認知度が低く、広く知ってもらう必要がある。そのため、ランチタイムには従来のキッチンカーと同じように移動販売を行い、商品を買ってくれたお客様にチラシを配ったり、サービスを紹介したりして、宣伝カーとしての役割を果たしている。カラフルな大型のトラックは目立つので、走るだけでもサムライダイニングという名前をアピールすることが可能だ。

従来のキッチンカーは商品を売らないと商売として成立しないが、宣伝カーとしての走る居酒屋は、商品が売れて利益が出ればラッキーくらいの感覚で走らせることができる。

イベントに参加したサムライトラック。
4台並ぶと宣伝広告の効果も上がる

走る居酒屋の5大メリット

それでは、走る居酒屋で得られるメリットを詳しく解説しよう。

❶ 利益率が高い

走る居酒屋の最大のメリットは、飲食店経営で重要な指標であるＦＬＲ比率が低いことが特徴だ。ゆえに利益率が高い。ＦＬＲ比率とは、売上の中で、食材費（FOOD）・人件費（LABOR）・家賃（RENT）が占める割合のことである。

まず、食材費。走る居酒屋は実店舗と同じ宴会メニューを提供しているので、特別な仕入れが不要となり、食材ロスが少ない。仕込みについても、実店舗の宴会と一緒に行うことができるので効率が良い。

次に、人件費。走る居酒屋の準備や仕込みは、お客様の入らないアイドルタイムを利用して行うことができるので、人件費ロスが少ない。また、キッチンカーは1台につき2人いれば営業できるので、新たな人材募集も必要なくなる。そして、家賃。走る居酒屋はランニングコストがほとんどかからない。駐車場代や維持費は必要だが、実店舗にかかる費用の比ではないだろう。

走る居酒屋は、トラック1台につき、店舗の個室が1部屋ずつ増加していくイメージだ。飲食店のような箱の商売というのは、売上の天井が決まっているが、走る居酒屋を導入すると、トラックの数だけお店を拡張することができる。

2号店、3号店と店舗の数を増やすことによって売上を増やす方法もあるが、店舗ごとに仕入れや仕込みが必要になり、人件費もかかってしまう。走る居酒屋は、実店舗と連携することで経費を削減し、売上を伸ばしているので、営業利益58%を狙えるのである。

❷ 商圏が広がる

これまで僕は、愛媛県の松山市内で商売をしてきた。基本的に飲食店経営は、お客様が店舗に足を運べる範囲が商圏になる。したがって、松山市だけがターゲットだった。

ところが、走る居酒屋はトラックが走れる範囲すべてが商圏になる。隣町はもちろんのこと、100キロ離れた場所でも商売ができる。フェリーに乗って松山沖の島にだって行けるし、山奥の過疎地にも行くことができる。

サムライダイニングの商売範囲が、松山市内から愛媛県全域に拡大したのだ。すなわち、分母が50万人から130万人へ、商圏が倍以上広がったことになる。

そして、移動できることで未開拓市場にもリーチ（進出）できるようになった。例えば、介護施設のような、今まで居酒屋を利用したくてもできなかった方々、様々な事情で遠出ができない方のもとへ、僕たちが向かうことができるようになった。地域の賑わい創出にも繋がり、社会的にいい影響を与えることができるビジネスだと実感している。

❸ 福利厚生で使いやすい

走る居酒屋は、企業のトップが抱えている社内のコミュニケーション問題を解消することができる。それは飲み会スルー、忘年会スルーだ。

昨今の若年層は、業務終了後に行われる会社の宴会を避ける傾向にある。しかし、チームで仕事をする以上、コミュニケーションの場が必要だと企業側は考えている。

そこで、業務終了後に会社に居酒屋をセットしてしまえば、問題を解決できるのではないかと考えた。わざわざ居酒屋へ足を運ぶことが面倒なのであれば、仕事が終わる前に、業務の一環、社内のコミュニケーションを深める目的として、会社で宴会を開催すれば、ほとんどの社員が参加することができる。業務が終わる1時間前から宴会をスタートして、1時間経ったら帰ってもいいし、そのまま宴会を楽しんでもいい。そうすれば、宴会をスルーする理由はなくなるのではないだろうか。

食事やドリンクの準備、料理提供まで僕たち、走る居酒屋がすべて行うので、誰かが買い出しに行ったり、料理の手配をしたりする必要もない。利用者からは、業務の一環として社内で開催できるので、福利厚生として使いやすいという声をいただいている。

若い世代に限らずだが、人付き合いが面倒くさいという人はどんどん増えていて、買い物さえも面倒で、ネットショップで済ませてしまう人が増えている。

日々の食事だって、Uber Eats で好きなものを自宅にデリバリーできるし、スマホ1つで完結してしまう。仕事から家に帰ってきて、わざわざ街に出掛けること自体が面倒なのだ。Google で検索するのさえも億劫で、流れてくる情報を受け取る方がいいという、そんな価値観の時代になっている。

だからこそ、業務時間内に会社で宴会をして、家に帰る流れを作ってしまえば、みんなが Win-Win の関係を築くことができると思うのだ。

コミュニケーションの場としての居酒屋の役割が変わっている今の時代だからこそ、走る居酒屋は、ビジネスとして大きなチャンスがあると感じている。

❹ ブランド価値が上がる

走る居酒屋のトラックが県内を走り回ることで、広告宣伝カーとしての役割を果たし、サムライダイニングの認知度がどんどん上がっている。

料金受取人払郵便

新宿局承認

2524

差出有効期間
2025年3月
31日まで
(切手不要)

郵便はがき

160-8791

141

東京都新宿区新宿1－10－1

(株)文芸社

愛読者カード係 行

ふりがな お名前			明治 大正 昭和 平成 年生 歳	
ふりがな ご住所	□□□-□□□□		性別 男・女	
お電話 番 号	(書籍ご注文の際に必要です)	ご職業		
E-mail				
ご購読雑誌(複数可)		ご購読新聞 新聞		

最近読んでおもしろかった本や今後、とりあげてほしいテーマをお教えください。

ご自分の研究成果や経験、お考え等を出版してみたいというお気持ちはありますか。

ある　ない　内容・テーマ(　)

現在完成した作品をお持ちですか。

ある　ない　ジャンル・原稿量(　)

書　名				
お買上 書　店	都道 府県	市区 郡	書店名	書店
			ご購入日	年　　月　　日

本書をどこでお知りになりましたか?
1.書店店頭　2.知人にすすめられて　3.インターネット(サイト名　　　)
4.DMハガキ　5.広告、記事を見て(新聞、雑誌名　　　)

上の質問に関連して、ご購入の決め手となったのは?
1.タイトル　2.著者　3.内容　4.カバーデザイン　5.帯
その他ご自由にお書きください。
(　　　)

本書についてのご意見、ご感想をお聞かせください。
①内容について

②カバー、タイトル、帯について

弊社Webサイトからもご意見、ご感想をお寄せいただけます。

ご協力ありがとうございました。
※お寄せいただいたご意見、ご感想は新聞広告等で匿名にて使わせていただくことがあります。
※お客様の個人情報は、小社からの連絡のみに使用します。社外に提供することは一切ありません。

■書籍のご注文は、お近くの書店または、ブックサービス(0120-29-9625)、セブンネットショッピング(http://7net.omni7.jp/)にお申し込み下さい。

会社の福利厚生としてのご利用。お昼の宴会も大人気だ

メディアに取り上げてもらうことが増え、一般のお客様からも「この前、キッチンカー見たよ」「走っていましたね」などと、声をかけてもらえるようになった。キッチンカーには会社名が書いてあるので、会社名を言えば、「あの、キッチンカーの会社ね！」と認知され、ブランド価値はどんどん上がっているように感じている。走る居酒屋だけでなく、実店舗の居酒屋やカフェの宣伝にもなっているので、相乗効果が生まれている。

ランチタイムに通常のキッチンカーと同じように移動販売をしているのだが、会話をしてチラシを渡すことで、記憶に残りやすいし、興味を持ってもらえる。ネット広告ではなく、顔と顔を合わせることに意味があると考えている。

❺ お客様との関係性が良好

走る居酒屋は、お客様との関係が良好だ。特に離島や過疎地へ出張に行くと、まるで僕たちがお客様になったかのように大歓迎してくれる。対面で接客できるので、お客様との会話も弾むし、一緒にゲームに参加することだってある。宴会が終わり、帰

通常のキッチンカー営業の風景。
商品に合わせてお店のチラシを一緒に手渡すことも可能だ

る時には、お客様総出でお見送りしてくれることも多い。

クレームは起きたことがなく、感謝されるサービスなので、スタッフのモチベーションアップに繋がっている。飲食店で働くことが楽しくない現状を、打開できるサービスだと実感している。

店舗を持っているからこそ成立するビジネス

走る居酒屋は、利益率の高い商売だが、誰もが始められるビジネスというわけではない。

まず、飲食店舗をすでに持っていることが必須条件になる。そうでなければ、これまで解説してきたメリットを享受することは難しいだろう。

例えば、料理の仕込みが挙げられる。店舗があれば、そこがセントラルキッチンの役割となり、広い厨房を使って数人体制で準備をすることができる。店舗の宴会と走る居酒屋のメニューは同じなので、作業工程もまったく同じ。まとめて仕込みをすることが可能になる。

　また、ランチとディナー営業の間、いわゆるアイドルタイムに仕込みや準備をお願いすることができるので、従業員の手が空いている時間を減らせる。人件費ロスを減らすことができるというわけだ。

　しかし、店舗を持っていないとなると、そうはいかない。キッチンカー内で仕込みをして、販売をして、片付けをして、ほぼ自分１人で完結しなくてはいけなくなる。そうすると、作業に追われてしまい、戦略を練ったり、宣伝したりする時間が大幅に削られてしまう。従来のキッチンカービジネスと同じような壁にぶつかることになり、ビジネスを拡大することは難しいだろう。

　結局、仕込みができたり、片付けをしたり、チームで動けないと、走る居酒屋のメリットが全く機能しない。走る居酒屋は、店舗を持っている飲食店経営者に向いているビジネスモデルなのである。

ある程度の初期投資が必要なことも、誰でも始められない理由の一つだ。

走る居酒屋は、トラックの大きさも厨房設備も、従来のキッチンカーとは大きく異なっているため、少額投資でスタートできるわけではない。

従来のキッチンカーの場合、どんな商品を販売するのかを決めることがビジネスのスタートになる。サンドウィッチを売りたい、カレーを売りたい、クレープを売りたい、といったように、まずは商品を決める。

そうすると、何が起こるのか。商品専用のキッチンカーが誕生するということになる。商品を作るために必要な厨房設備が搭載されているものの、使う予定のない厨房設備は揃っていないことが多い。そのため、あとで商品を変えようと思った時に、作業スペースが足りなくなったり、既存の厨房設備では対応できなかったりしてしまう。これでは、上手くいかなくなった時に方向転換がしにくい。

走る居酒屋のキッチンカーは、最初からあらゆる料理に対応できる厨房設備を作ることにしている。揚げ物だろうが、焼き物だろうが、煮込み料理だろうが、なんでも対応できるように厨房設備を整え、冷蔵庫も作業スペースもしっかり準備している。

それを実現しようと思ったら、小型ではなく大型のトラックが必要になるし、すべての厨房機器の設置が必要になる。トラック1台といえど、それなりに費用がかかってくる。新しく飲食店舗を出すことを考えればコストは低いが、キッチンカー起業とは違い、ある程度まとまった金額の初期投資が必要なことは頭に入れておいてほしい。

だからこそ、走る居酒屋は2店舗目を検討している飲食店経営者におすすめのビジネスなのである。実店舗を出すより低コストで、利益率が高い。そして、走る居酒屋を走らせることで実店舗の宣伝にもなり、相乗効果を期待することができる。

第4章

ネオ・キッチンカービジネスの成功事例

こんなところで喜ばれています

走る居酒屋は、地域の集まりや会社の宴会、交通が不便な過疎地、離島など、幅広い層のお客様に利用していただいている。実際に、走る居酒屋を利用していただいたお客様の事例をいくつか紹介したい。どのようなシーンでの利用が可能なのか参考にしていただけたらと思う。

ケース1：介護施設での宴会イベント

介護施設に入居されている方々は、飲みに行きたくても、気軽に外食することは難しい。そのため、施設内にいながらでも本格的な料理とドリンクを味わえることに、喜びの声をいただいている。居酒屋メニューは、外出が難しく、施設内で過ごす方々にとって良い気分転換になるし、お祭りのような体験を味わってもらえると好評だ。

店舗だけで商売をしていたら出会えない方々なので、今後、さらなる商圏の広がりを感じている。未開拓市場へのリーチは、走る居酒屋ならではのメリットである。

ケース2：離島での誕生日パーティー

愛媛県の大島という離島で、20歳の誕生日パーティーを自宅で開催したいとのご依頼をいただく。家族と親しい友人が集まり、娘さんへのサプライズパーティーを行った。

離島にも飲食店はあるが、宴会をしようと思ったら、バスやタクシーなどで街まで出ていく必要がある。店舗数が少なかったり、車で移動しないと行けなかったりと、参加者に負担をかけることになってしまう。走る居酒屋は、希望の場所へ向かえるので、お客様の労力を減らすことができるサービスである。

ケース3：建前・棟上げ

新しい家を建てる際の建築儀礼の一つである建前や棟上げの食事会のご依頼をいただく。新築の家に災難がないように祈願し、大工さんに対して祝宴を行うのだが、一般的には冷たいお弁当になることが多い。走る居酒屋をご利用いただくことで、温かいコース料理と注ぎたての生ビール、様々なお酒を楽しんでもらうことができるようになった。

ケース４：会社の宴会

松山市から70キロほど離れた場所にある企業からのご依頼。社内勉強会・会議のあとの懇親会で走る居酒屋を利用していただいた。業務時間内に会社の敷地内で行えるので、福利厚生として使いやすいと喜びの声をいただいている。

この企業は会社の前に寮があり、社員は9割が愛媛県外の人らしい。話を聞いてみると、知り合いは会社の人のみで、わざわざ市街地に出掛けて買い物したり、遊んだりすることはほとんどないとのこと。買い物は地元に帰った時にすれば済むし、飲みに行く時は、市街地に行くこともあるが、それほど頻繁ではない。田舎で周りに何もないし、娯楽がないため、会社と寮を往復する生活になってしまっているらしい。そんな背景もあり、走る居酒屋の宴会サービスを大変喜んでくれた。

走る居酒屋は、会社の忘年会や宴会利用が最も多い。チームで仕事をするうえで、コミュニケーションを深める場はとても重要だからである。

食事を一緒にしたり、日常会話をしたりすることが大事だと考えている経営者は多いが、昨今は飲み会スルーの流れにある。業務時間外に強引に開催するのは難しい。走る居酒屋は、会社から居酒屋へ向かう労力をカットし、業務の一環として宴会を開催することで、企業が抱えているコミュニケーション問題を解決することができる。

また、交通アクセスの良い場所に住んでいるならともかく、地方はバスや電車の本数が少ない。しかも都会とは違って、駅の近くに住んでいる人はほとんどおらず、車での移動が基本になる。車の運転が必要になれば、当然、お酒は飲めない。地方に住んでいる人にとって、街中の居酒屋に行くのはハードルが高いのだ。

その点、走る居酒屋は、大型トラックが駐車できるスペースさえあれば、どこでも宴会会場になる。特別なイベントがなくても、親戚の集まりや、ご近所さん同士の集まりにも利用することができる。スポーツチームの打ち上げで利用してもらったこと

必要なものは場所だけ！
会社に居酒屋を呼ぼう。
SAMURAI DINING
お昼も出張可！
サムライトラックQ&A
Q.料金はいくら？
A.40,000円～出張可能です。
Q.どこまで来てくれる？
A.愛媛県内どこでも出張可能！
Q.必要なものは何？
A.トラックが置けて飲食できるスペースさえあればOK!
サムライトラックは料理・お酒も本格的！
SAMURAI DINING
予約・問合せ
089-924-8274
お昼の出張も承ります！貸し切りランチ・昼宴会も可能です。

もある。単純に外で飲みたい時に利用するのもいいし、どんなシチュエーションでも利用可能だ。

コロナ禍で活躍した走る居酒屋

飲食店の大打撃といえば、２０２０年、新型コロナウイルスの蔓延だ。緊急事態宣言を始め、まん延防止等重点措置、通称「マンボウ」に飲食店は苦しい戦いを強いられた。２０２０年は借入で凌ぎ、２０２１年は時短協力金で凌ぎ、思うように営業ができない中、何とか乗り切ってきた飲食店がほとんどだろう。

２０２２年の１月、全国39都道府県でマンボウが発令されたのだが、愛媛県には発令されなかった。

しかし、マンボウが発令されなかったにもかかわらず、街はマンボウが出ているのと全く同じ状態。人は出歩いていないし、みんなテイクアウトや自宅で食事を済ませていて、居酒屋へ飲みにくるお客様はほとんどいなかった。誰も来ないから、お店を開けていてもほとんど意味がない。でも、マンボウが出ていないから、時短協力金が出ない……。愛媛の多くの飲食店経営者は、「どうせならマンボウを出してくれ！」と心の中で叫んでいたはずだ。

走る居酒屋は、コロナ前から準備をしていたのだが、デビューした際、コロナ対策が早いと周囲からよく驚かれた。デビューとほぼ同時にコロナ禍に突入し、一時期はどうなることかと思ったが、着々と準備を進めてきて良かったと改めて実感している。

コロナ対策が目的ではなかったが、ふたを開けてみれば、走る居酒屋はコロナ禍でも喜ばれるサービスだった。飲食店は密になるし、知らない人と同じ空間になる可能性が高い。けれど、市街地へ行くことなく、企業の敷地内や自宅の庭、駐車場といった屋外空間で、しっかりと感染対策をしながらであれば飲酒も許容できる。家族や気心の知れた仲間で集まって、本格的な料理とお酒を楽しんでいただくことができた。世間の目が気になる人も、これなら安心して利用できる、と喜んでいただけたことが嬉しい。

コロナは大きな出来事で、ある意味で災害だと思うが、僕自身は、世の中の流れの一つの現象だと捉えている。

飲食店が置かれている厳しい状況は、コロナがなくても起こっていたことではないだろうか。コロナによって流れが一気に加速しただけだと思うのだ。コロナが落ち着いたら、飲食店の不況は回復すると考えている方もいるとは思うが、おそらく、厳しい状況は続くのではないかと予想している。

僕はコロナ禍が訪れる前から、飲食業の未来を不安視していた。商品の価格はここ20年ほぼ変わらないのに、経費はどんどん膨らんでいく状況。電子決済やタブレット注文など便利なサービスが増える一方で、導入すればするほど中間搾取が増え、利益率は悪化していく。

そういった現状がある中で、今後生き残っていく業態は、機械半分・人間半分のシステム化された大手の飲食店と、有名な料理長やシェフ、名物女将がいるような、人間力と商品力が優れたカウンター型のお店。この2つのスタイルしか残らないのではないかと予想している。

僕はといえば、その中間、接客に頼り過ぎず、システムを構築し、団体宴会をメインに取っていくポジションを取っている。僕たちのような居酒屋が世の中から完全になくなることはない。けれど、確実にパイは小さくなっていくだろう。経営が苦しくなっていく中で、大手と価格競争をしたり、個人店を模倣してサービス過多になったりするのは危険だ。同じ土俵で戦うのはリスクが高い。

だからこそ、他では味わえない体験価値を提供することで、僕たちのような居酒屋は生き残っていけると考えている。同業他社と戦うのではなく、今までにない独自のサービスを生み出す方が、居酒屋の未来はきっと明るいはずだ。

日本人のおもてなし精神

今、飲食店とお客様の関係は悪くなっているように思う。口コミサイトやSNSの影響によって、誰もが料理評論家になり、お客様の立場が圧倒的に強くなってしまった。

少しでもネガティブな一面を見つけると、すぐネットに書き込まれるし、ひどい時は、あることないこと書かれることもある。たった1つの口コミや低い点数が飲食店の売り上げを左右することだってある。

知らない土地や旅行先で食事をする際には、必ずと言っていいほど、お客様は食べログなどのサイトで飲食店をチェックしているだろう。点数や口コミを参考にしているかは別としても、お店選びの一つの指標になっているのは確かである。人々の生活に入り込んでいるサービスを無視することはできない。良い口コミは大歓迎なのだが。

営業中も、「注文した料理が遅い」「ドリンク早く持ってきてよ」などと怒られることが増えている。もっと細かいことをいえば、「お通しって何？　どうしてお金を払うの？」「ドリンクは水でいいよね」という居酒屋に対する不満が渦巻き、飲食店で働く人が楽しくなくなる空気が漂っている。

昔とは時代が違うと言ってしまえばそれまでだが、人と人との繋がりや、様々なコミュニケーションが生まれる飲食店の魅力が削がれているように感じる。

飲食店は、お客様に喜んでもらうために一生懸命サービスを提供している。それは社員やアルバイトの立場は関係なく、全員が一生懸命やっている。お客様に嫌がらせをしようと思って商売している人などいないだろう。

日々がんばっているけれど、注文や入店などが重なって、作業が遅れたり、イレギュラーが発生したりすることは当然起こりうる。もちろん、毎度のようにお客様に迷惑をかけるのはいけない。だがしかし、１か月で１回あるかないかのミスがたまたまその日に起こってしまい、それを拾われて叩かれてしまうのは何ともやり切れない。

一度叩かれてしまうと、お客様に言われないように、波風を立てないようにと、無難な営業にならざるを得ない。飲食店が立場的に弱くなっているように感じる。

飲食業界にこのような現状があるなかで、走る居酒屋は、お客様にとても感謝されるサービスである。クレームを受けたことは一度もない。

僕たちがお客様のもとへキッチンカーで向かい、予約してくれた1グループのために face to face で料理やドリンクを提供し、接客をする。他のお客様がいないので、お待たせすることはほとんどない。スタッフが今、何の作業をしているかがお客様から丸見えなので、例えば生ビールを入れているのが分かれば、お客様はスタッフの作業が終わるのをじっと待ってくれる。もっといえば、「急いでいないから大丈夫。ありがとう」と感謝の言葉をかけてくれることのほうが多い。

僕の見解では、日本人の特性として、「おもてなしの精神」があるからだと思っている。自分のテリトリーに招待する側は、来てくれた人に「行って良かった」「素敵な会だった」と感じてもらいたいと本能的に感じているのだと思うのだ。

料金を支払って、走る居酒屋を呼んでいるので、決して僕たちはお客様ではない。

イベントに招待されているわけではないのだが、どこに出張しても、「来てくれてありがとう！」という歓迎ムードを感じる。忘年会や企業の懇親会に呼ばれた時には、「一緒にゲームに参加して」「一緒に飲もう」（運転しないスタッフに対して）と声をかけていただけることが本当に多い。景品をたくさんもらって、嬉しそうに帰ってきたスタッフもいる。

走る居酒屋は、お客様との関係がとても良好だ。働いていて楽しい。宴会を終えて帰る時には、お客様たちが総出でお見送りしてくれて、「来てくれてありがとう」とたくさん声をかけてくれる。本来は逆の立場のはずだ。店舗で働いている時には考えられないことが起きている。

走る居酒屋によって、飲食店で失われつつあるコミュニケーションが復活し、働く楽しさや、やりがいに繋がっていると僕自身が一番実感している。

販路拡大のための移動販売

走る居酒屋の営業は夜が本番だが、手の空いている昼の時間帯は通常のキッチンカーとして営業している。キッチンカーを走らせることによって、お客様との接点、接触回数を増やせるからだ。お客様にご飯を提供するのと一緒に店舗のチラシを渡すことで、知ってもらうきっかけ作りを行っている。

ネット広告を出す方法もあるが、キッチンカーに乗って街中を走る方が、圧倒的にパワーがある。「あの車、何？」「何かやるのかな？」と注目を浴びることができる。また、顔と顔を合わせて接客することでお客様との距離が縮まりやすい。コミュニケーションを取ることができ、繋がりが生まれるので、より僕たちの存在を知ってもらえる。

従来のキッチンカーは、売り上げを伸ばしにいかないといけないが、僕たちは実店舗を持っているため、キッチンカーでの販売で儲けがなくても支障がない。店舗で販売しているメニューの中から選んで販売しているので、食材ロスも人件費ロスも減らすことが可能だ。

お金をかけて大々的に広告を打たなくても、店舗の存在を宣伝できることは、ネオ・キッチンカービジネスの大きな魅力の一つである。

第5章

地方創生

地方こそ、ネオ・キッチンカービジネスはハマる

松山のような地方都市は、東京や大阪などの大都市よりも土地の値段が安く、広い敷地が多いため、ネオ・キッチンカービジネスを展開しやすい。走る居酒屋を利用するには、大型のキッチンカーを駐車するスペースが必要になるからである。地方都市は、自社で社屋を建てていることが多く、駐車場や敷地が広い。一般の家でも、マンションよりも一軒家が多く、庭や駐車場が広かったりする。

都会でもビジネスを展開できないことはないが、駐車スペースの問題で思うようにサービスを提供できない可能性が高い。多くの企業はオフィスビルに入居していることが多く、一般の家は、自家用車を1台停められるスペースがあれば良いほうだろう。

もし、都会でキッチンカーを使ったビジネスを展開したいのであれば、走る居酒屋ではなく、違うサービスを検討する必要があるだろう。都会と地方とでは人の数の分母が違い、集客方法が違ってくるので、地方で生まれたビジネスモデルが都会にハマ

るとは限らない。都会であれば、イベントだけで成り立っているキッチンカーもたくさんある。自分がどういう場所で戦っているのかを見極め、戦略を立てることが大切だ。

走る居酒屋は、地方や過疎地、離島、山の麓など、飲食店の少ない地域が適しているといえる。本来、人が少ない場所は売り上げが見込めないので、店舗型のビジネスや従来のキッチンカーであれば、ビジネスとして成立させるのは難しい。

だが、走る居酒屋は、予約が入ってからお客様のもとへ向かうので、売り上げが保障されている。ゆえに、出張場所の立地や人口の数は関係なくなる。さらに、キッチンカーを走らせるだけで宣伝になる。田舎に行けば行くほど、カラフルな大型キッチンカーが珍しいので、地元住民から注目してもらえる。何か買えるの？　とわざわざ声をかけてくれることもあった。出張に行った隣の家から噂を聞いて、予約をいただくこともある。

一方、従来のキッチンカーはどれだけ売れるかが勝負なので、過疎地や離島に向かった場合、大赤字で帰ってくることもあり得る。実店舗がないため、商品を販売するしか利益の取れる場所は他にない。売り上げに大きく影響するため、どこで商売をするかの選択はとても重要になってくる。

最近では、商業施設とキッチンカーの間に入って、ビジネスの斡旋をしてくれる会社が増えている。利益が見込める出店場所を仲介してくれるのはありがたいのだが、やはり仲介手数料を取られることになる。

また、従来のキッチンカービジネスも店舗と同じく、作った商品の数しか販売できないので、売上の天井が決まっている。手数料が増えてくると、利益が少なくなってくるので、キッチンカービジネス自体、厳しくなってくるだろう。

賑わい創出と市民価値の向上

コロナウイルスが襲いかかり、地方の飲食店経営はしんどい状況だ。田舎へ行くほど人の目が気になり、気軽に街中の居酒屋へ行くことが難しくなった。「あいつ、コロナ禍なのに街で飲んでたぜ」と言われるのが嫌だから、街へ行くことを躊躇(ためら)うようになった。コミュニティが濃くて狭いので、噂が広がるのは一瞬なのである。

若者向けの飲食店や郊外の大手チェーン店は徐々に回復しつつあるが、団体宴会をターゲットにしている居酒屋はいまだに苦しい。売上はどん底期に比べれば戻っているが、それでも一番いい時の半分か、3分の2くらいしか戻っていない。理由は、10名以上の団体予約が減っているからだ。

都会に比べて、地方は人の目を気にする傾向が強いように感じる。

しかし裏を返せば、人と人との繋がりを大切にしていて、コミュニケーションを求めているから周囲の反応が気になるともいえる。本当は地元の仲間で宴会したいし、みんなで集まりたい。その想いは、人口が少ない地域ほど強いように思う。

だからこそ、走る居酒屋は地方に行くほど喜ばれる。人との繋がりを大事にしたビジネスモデルだからこそ、地方に適している。それは、誕生日パーティーのご依頼で離島に出張した時に強く感じた。「みんな繋がりを大事にしているし、集まりたい。でも、地元から市街地へ出て飲み会をすると、みんなに迷惑をかけるかもしれない。だから控えているけれど、自宅の敷地内で身内だけだったら全然問題ないですね」と嬉しそうに話してくれた。

地方は、よくない噂も広がるが、よい噂が広がるのも早い。走る居酒屋は、料理やサービスの評価ではなく、「来てくれて良かった」という喜びの声が口コミとなって広がっている。

例えば、走る居酒屋を依頼してくれた家の、隣の家の人が噂を聞いて呼んでくれることがよく起こる。珍しい体験なので周囲にも勧めやすいのだろう。これこそ本当の口コミではないだろうか。

本当はみんなで集まって宴会したい。でも、先行きの見えないコロナ禍で不要不急の外出を自粛することが、みんなのためになる。コミュニケーションを取れないもどかしさを解消したのが、走る居酒屋だったのだ。

地方の賑わい創出、市民価値が寄与できるという側面もあり、地域創生に繋がるビジネスだと感じている。

本当はもっと繋がりたい。その気持ちがあるのであれば、地方の飲食店はこれから良くなっていくと思う。地方に住む人々の「繋がりたい」という気持ちを刺激してあげれば、地方の飲食にもチャンスはまだまだある。

人口が減っていく現状の中、地方の飲食業は厳しい戦いになっていく。だからこそ、みんなで知恵を絞って、協力し合っていくことが大切なのである。

【仲間を募集しています！】

キッチンカーの位置情報サービスKITPIN（キッピン）は、まだスタートしたばかりなので、僕のいる愛媛県松山市のみの情報になっている。これから全国に展開していくためには、エリアごとに運営を任せられる人が必要だ。キッチンカーの登録やこまめな位置情報の更新をして、どんどん作り上げていかなければならないからである。

そこで僕は、ビジネスを一緒に展開してくれる仲間を募集したい。キッピンのエリア管理者だけでなく、キッチンカー、動く空間、イベント開催、走る居酒屋といった一連のネオ・キッチンカービジネスを一緒に育ててくれる飲食店経営者を探している。

キッピンの最も重要な役割は、お問合せ窓口としての機能である。

2章で説明したが、キッチンカーには「食べログ」や「ぐるなび」のようなプラットフォームがない。自社のHPを持っているところは一部なので、イベント主催者が募集をかけるか、知り合いを通じて依頼するか、各々のSNSに直接連絡するしかキッチンカーに問い合わせる手段がなかった。出店場所も日々移動するので、新しい情報が得にくい。

この状態では、キッチンカーを集めたいイベント主催者や商業施設の方々が、どこに問い合わせをすればいいか分からない。そこで、キッチンカーの情報を取りまとめるためにキッピンを立ち上げた。現在、松山市では行政の方々も登録してくれている。

お客様はキッピンを通じて、キッチンカーに出店依頼をすることができる。例えば、何日に何人規模のイベントをやるので、キッチンカーを何台お願いできませんか？という具合に。依頼が入ったら、キッピンに登録してくれているキッチンカーに声をかけ、必要な台数を用意し、対応していくという流れになる。

なので、キッピンには、そのエリアをまとめる代表者が必要不可欠だ。そのエリアのことは、そのエリアに住んでいる人が一番よく分かっているからである。たとえキッチンカーの登録が進んでも、エリアごとに取りまとめる人がいないと、キッピンは上手く機能しないだろう。

また、キッピンは、キッチンカーの位置情報サービス・問い合わせ窓口に加えて、走る居酒屋を依頼する窓口にもなっている。キッピンの利用者が増えれば、走る居酒屋というサービスを知ってもらう機会も増え、相乗効果を発揮するだろう。

仲間になってくれる方には、これまで築き上げてきたネオ・キッチンカービジネスの戦略を1から教えたい。走る居酒屋だけを始めてもサービスを知ってもらうことが難しいため、認知度を高めていくには、僕と同じステップを踏むのが適切だろうと考えている。

ネオ・キッチンカービジネスは、地方で飲食店舗を持っている人が適している。セントラルキッチンとなる場所がないと、このビジネスの良さが全く機能しないからだ。したがって、飲食店舗をすでに経営していることは必須の条件である。

また、地元で発信力のある経営者の方がフィットしやすい。このビジネスは、人と人との繋がりで広がっていくので、地域での発信力があり、人脈が広い人にはうってつけのビジネスモデルだといえる。

僕が順調にネオ・キッチンカービジネスを愛媛県内に広げることができたのは、約20年、地元に根付いて商売を続けてきたからだと思う。特に松山市内の経営者との繋がりがあるので、サービス内容を発表してすぐに、走る居酒屋やキッチンカーイベントの依頼をいただくことができた。飲食関係だけの繋がりよりは、多業種に繋がりを持っている人の方が圧倒的に有利である。

また、キッチンカーには、普段、店舗の営業に立たないオーナーに乗ってみてほしいと思っている。オーナーが自ら運転してお客様の元へ行くと、大抵びっくりされる。お客様が喜んでいる姿を間近で見ることができるので体感してみてほしい。ルーチンワークの現状が、きっと覆るはず。誰よりも僕が、飲食店で働く楽しさを再確認できた。

コロナ禍で飲食店が大打撃を受け、復活方法を模索している方、もしくは、あなたが2店舗目への出店を考えているのなら、まさにベストタイミングである。実店舗とキッチンカーの相乗効果によって、収益構造はかなり改善するだろう。

ネオ・キッチンカービジネスは、積み上げていく攻めのビジネスモデルである。

野心があり、チャレンジ精神のある飲食店経営者は、ぜひ連絡が欲しい。

フランチャイズも募集している。

僕と一緒に、ビジネスを育てていこう。

参加するお客様、呼んでいただいている私たちみんなが
楽しく幸せを感じられるビジネスモデルが
「走る居酒屋」だ

第6章

未来へ　僕が達成したい夢

ピラミッドではないフラットな組織へ

飲食店に限らず、世の中の企業のほとんどが、ピラミッド型の組織になっている。サラリーマンも公務員も医療従事者も関係なく、ピラミッド型が多い。

僕が二十代の頃、サラリーマンを辞めて起業したのは、ピラミッド型の組織の一番下から上へ這い上がっていくよりは、自分が上になって、下を作っていった方が早いと思ったからだ。最初にトップを作り、そこからボトムをどんどん広げていけば、初期から経営に関わってくれた人が良くなる仕組みが作れると当時は考えていた。偉くなりたかったのではなく、働く人たちのために会社を作りたかった。

２００１年に起業をして、組織を成長させるために従業員を採用し、店舗の数を増やしていった。２０１８年、最大９店舗まで展開を続けてきたが、冒頭で話したスタッフが退職した出来事を受け、僕はピラミッド型の組織のトップには向いていないと悟った。

飲食業でピラミッド型の組織を大きくしていくには、30店舗とか50店舗とか、ビジネスを拡大していくことが必要になってくる。店舗を増やすということは、積極的に人材を採用し、僕の会社で働いてくれるスタッフを増やすということである。

だが、飲食業は自分で起業するのが一番楽しい。だけど、良い人材には僕のお店で一緒に働いて欲しいという気持ちがあるので、独立を勧めるには葛藤が生じる。本当の飲食業の楽しさを伝えないことは、スタッフを騙していることにならないだろうか。

このジレンマが消えない限り、組織を大きくすることは難しい。でも、会社は成長させなくてはいけない。考えた末に、フラット型の組織に転換することを決めた。

経営者がいる以上、その下に小さいピラミッドができるのは仕方がない。ある程度のビジネスの規模を維持するためには、ピラミッド型の仕組みが少なからず必要である。完全なフラット型の組織をつくることは難しいが、トップダウンではなく、円卓で話を進めていくような形にしていくことはできると思うのだ。その方が僕自身も楽しいし、きっと働く人たちも楽しくなるはずである。

いずれはスタッフの独立を応援できるようになれたらとも思う。僕のお店で仕入れや準備をして、あとは販売するだけというＦＣの仕組みもありだと考えている。

これらはあくまでも僕の目指しているところである。独立したての頃は、２店舗目を持ちたい、もっと店舗展開したいと夢を描いていた。それは飲食業で起業する経営者の夢、一つの目標として決して間違っていない。20年間、飲食業を経営してきて、僕はピラミッドを大きくするのに向いていないと気付いただけ。ピラミッド型の組織で成功している人もたくさんいる。

僕は、飲食業界で働く意味や働いて得られること、魅力の一つが、人と人との繋がり、コミュニケーションだと思っている。だから、効率化を図りすぎると、接客がマニュアル化され、機械化され、本来の飲食業の面白さを削っているような気がしてしまう。

これからは、飲食業だけでなく、飲食に関する様々なジャンルの人たちと協力して仕事をしていきたい。実際に、ＥＣサイトを立ち上げて、その中で商品を販売したり、

ＨＰ制作を検討している飲食店に、知り合いの制作会社を紹介したり、自分の飲食店での商売だけでなく、他のジャンルの人と一緒にブランドを立ち上げたりもしている。

全員は難しいかもしれないが、みんなで良くなれればいいと思っている。これからは横の繋がりを大切にした事業展開に舵を切っていくつもりだ。

居酒屋で働くことが楽しい未来

昨今、飲食業界は人気がなくなっている。

求人をかけても集まらないし、やりたがる人がいない。飲食業界は未来がないと言われ、飲食業界の人でさえ、若い世代に「起業しない方がいい」と言い始めている。

飲食店が世の中からなくなることはないが、ビジネスを広げにくい要因がたくさんある。正直にいえば、僕も起業を勧めにくい。これから人口が減っていく日本で、上がり目が来るかといえば、そうでもない。

飲食業界を取り巻く環境が課題の一つである。手数料などが膨らみ、利益を出しにくい構造になっている。そして、口コミサイトの文化。口コミが、飲食店で働く人の心を削っているように感じてしまう。一生懸命やっているのに、全然知らない人に悪口を書かれたり、否定されたり。なんだか、辛い。本当にネガティブなことが増えている。

飲食業は、もっとお客様から感謝や喜びがもらえる仕事だった。僕自身、お客様に喜んでもらいたいと思って仕事をしているが、口コミで叩かれ、コロナで悪者にされて、ある意味、営業妨害のような政策をうたれてしまった。仕方のないことだと理解しつつも、働く人のモチベーションが下がっているのは事実である。

ネオ・キッチンカービジネスは、働くことが楽しくなるビジネスモデルだと自信を持っていえる。何よりもお客様との関係がものすごく良好だ。

先日、隣町の西条市に出張した際も、総出でお見送りしてくれて、「ありがとう」と笑顔でいつまでも手を振ってくれた。感謝と喜びの声を聞けることは、何よりも励みになる。

また、厨房と客席の仕切りがないので、お互いの顔が見えるようになっている。お客様とコミュニケーションを取り、いろんな声をダイレクトに聞ける環境はありがたい。

飲食店で働くスタッフも、楽しいと感じてくれているはずである。実際に僕のお店では、キッチンカーに乗りたいというアルバイトスタッフが多い。おそらく、カフェで働くような感覚で、居酒屋よりもオシャレな雰囲気があるというのも人気の理由だろう。

走る居酒屋だけをいきなり始めることはできないが、今後、居酒屋とキッチンカーで独立したいという人が出てきてくれたら嬉しい。

飲食業界にはまだまだ課題はあるが、こうして新しいサービスを作って、今までなかったものを生み出すことは楽しい。そして、感謝される仕事はやりがいがある。

僕は、飲食業界で働くことが楽しい未来をつくりたい。少なくとも僕に関わってくれた人たちには、喜びや楽しさを感じていて欲しいと願っている。

そして、コロナ禍によって悪者にされがちな「お酒」。お酒を飲むこと、お酒を飲みながらコミュニケーションを取ることの素晴らしさを伝えていきたい。

弊社では、特に日本酒、焼酎の「和酒」に力を入れている。日本全国の美味しい和酒を適正価格で飲んでもらいたい。お酒を知って、実際に味わってほしい。

これらの商品力があることが、お店が長く続いた一つの要因だと考えている。店舗だけでなく、走る居酒屋でも様々な和酒を提供して、酒文化を広めていくことも僕の使命の一つだと思っている。

夢は全国でKITPINフェス！

キッピンの稼働範囲が広がった末には、キッピンフェスを開催することが僕の夢だ。

例えば年に1回、キッピンに登録してくれているキッチンカーを集めて、大型のイベントをやりたいと思っている。フジロックが開催できるような広い場所が理想だ。それだけの数のキッチンカーが登録してくれて、一堂に会するイベントを想像するだけでワクワクする。実現のためには、キッピンの登録者を増やし、全国のそれぞれのエリアにキッピンを管理する代表者を決めていかねばならない。

一緒に楽しみを広げてくれる仲間を増やして、キッピンフェスを一つの共通目標として目指していきたい。

飲食ビジネス相談サービスの立ち上げ

２０２３年、飲食業に関わるビジネスの相談ができるサービスを立ち上げた。飲食経営のコンサルティングから、人材についての相談、不動産、契約書類、飲食店の内装やホームページ制作の相談まで幅広く引き受ける。飲食に関わることであれば、なんでもＯＫだ。

弊社が窓口となり、例えばホームページ制作であれば、信用のおける専門業者を紹介するというシステムだ。専門外の相談が来ても、フォローができる体制になっている。もちろん、経営に関する相談やキッチンカーについては、僕が自ら請け負う。

僕がこのサービスを始めたきっかけは、最近、若い人からの相談が増えてきたことが背景にある。融資の計画書を一緒に作ったり、開業の方法を聞かれたり、YouTube の撮影用の背景を作ってくださいと依頼を受けたこともある。

誰に聞いたらいいのか分からないし、相談できる人がいないという人が多い。新しいチャレンジを応援するために、このサービスを立ち上げた。

そして、僕と関わってくれた人に恩返しをしていきたい。横の繋がりを大切にして、協業していけたらと企んでいる。

飲食に関わるビジネスの相談があれば、まずは気軽に連絡してほしい。

こちらは、飲食店を経営されている方や、これから飲食店を起ち
上げたいと思っている方のお手伝いをさせていただくサイトです。
興味のある方は、ぜひチェックしてみてください。

エピローグ

飲食業界はコロナの猛威によって大打撃を受けた。

初期の頃は、外出自粛要請が出ていただけで、国からの支援が全くなかった。経営者である以上、資金繰りについて考えないといけないし、従業員のことを考えなくてはいけない。不安を与えないように、給料をしっかり支払い、自分が最前線に立って行動する姿勢を見せていた。

だが、売り上げの回復の目処が立たないまま、資金だけがなくなっていく……。どうしようもない不安を抱えた日々を過ごした。

コロナ対策として、テイクアウトやデリバリー事業を始めた飲食店と、雇用調整や借り入れをして耐えた飲食店の、２つのパターンに分かれた。

どちらが正解かは分からない。何かチャンスがあるかもしれないと思って行動するのも一つだし、景気が戻るまで待つというのもありだと思っている。どちらに転んでもいいのだが、コロナで脳が活性化されたのは間違いないだろう。

例えば、18時にお店を開けて、深夜1時まで営業するという、お客様との約束を守らなくてはいけないという飲食店の基本的な流れから、コロナ禍に突入し、もう今日はお店を閉めよう、休んでもええやんと、ルーチンワークが壊れてしまった。飲食業の当たり前が壊れ、従業員のモチベーションも上がらなくなった。

その中で、ふと考える時間ができた経営者がたくさんいるのではないだろうか。その考える時間の中で、本当に考えたのか、ただ落ち込んでいただけなのかで、今後の行く末が変わってくると思っている。

僕は飲食店の当たり前が壊れたことで脳が活性化され、仕事をしている気になっていた日々に終止符を打つことができた。コロナ禍の3年間で得た知識やこれまでやってきたことが、今後の糧になるはずである。

コロナ禍の間に、完全非接触型のお店に改装したが、結局、その後1年で閉店させた店舗がある。結果だけをいえば、何も対策をせずに、そのまま閉店させていれば一番お金がかからなかった。必ずしも動いたことが正解とは限らないし、耐え抜いた人が正解なのかもしれない。でも、考えてトライすることは間違っていないと思うのだ。

コロナ禍の3年間で資金がかなり減ってしまったし、借金が増えた。それでも、考えて動いていた方が生きている感じがするし、自分の手で未来を切り拓いている感じがする。


あなたはどうだろう?

今、経営が苦しくて、未来が見えない人も、きっと大丈夫。

どんな時代でも、チャンスは無限にある。考えて行動すれば、きっと道は拓けてくるはずだ。知恵を出し合い、不況の時代を一緒に乗り切っていこう。

店舗展開していくか、現状維持か、次の一手で迷っている経営者はぜひ連絡が欲しい。

一緒にネオ・キッチンカービジネスを育てていこう。

Special Thanks

ネオ・キッチンカービジネスは、僕ひとりの力では絶対に作り上げられませんでした。

ここまで来られたのは、想いに賛同し、協力してくれた方々のお陰です。

この場を借りて、皆様に感謝を伝えさせてください。

【酒商山田　山田淳仁社長】

経営の本質を教えてくださり、ありがとうございます。

すべては「酒商山田」に伺った時に始まりました。

【ジェイトップ　山田哲社長】

いつも支えてくださりありがとうございます。

社長との出会いがなければ今の僕はありません。

【アスカオート　伊藤社長】
【フィースト　平岡社長】
車のことだけでなく、いつも本当にありがとうございます。

【株式会社フジ　尾﨑社長】
社会人として育ててくれてありがとうございます。

【大一合板商事　大久保社長】
このビジネスは君無しでは絶対に成り立たなかったです。
いつも刺激を受けています。本当にありがとうございます。

【エネロ　水代会長】
【エネロ　水代社長】

【アイクコーポレーション　橋本会長】
【アイクコーポレーション　橋本社長】
【スカイネットシステム　中岡社長】
【元ルリイロサンド　正岡さん】
【竹国塗装　しゅんちゃん】
【近藤工業所　こうじ君】
【西永工業　西永くん】
【KaiWorks　上鶴社長】
【ARMS　永尾社長】
【千代田商事　かわもっちゃん】
【ライフベース　はまやん】
【コラボハウス　清家さん】
【ナカムラマーク　中村さん】
【ベルモニー　武智社長】

Special Thanks

【宝荘ホテル　宮崎社長】
【新宮建材　新宮社長】
【トエビス　富田社長】
【TMトミオカ　宮道社長】
【うどん空太郎　石井さん】
【イナショー　太社長】
【シフト　岡本社長】
【向井酒店　向井社長】
【日機愛媛　青陽さん】
【デュレイラブリューワークス　山﨑代表】
【コピー愛媛　中村先輩】
【マツモふどうさん　まつも】
【アカマツ　あかまっちゃん】
【窪田陳列　窪田くん】

【小野商会　もっぴぃ】
【バンブーデザイン　竹林さん】
【グランドスラム　中村くん】
【月間食堂　手島さま】
【三福グループ中矢社長】
【南海放送さま】
【テレビ愛媛さま】
【あいテレビさま】
【愛媛朝日テレビさま】
【伊予銀行さま】
【松山市役所さま】
【砥部町役場さま】
【サントリービールさま】
【泰山窯さま】

Special Thanks

【松尾和久さま】
【中野たいせいさま】
【松波ゆう大さま】
【やのなおよしさま】
【松山青年会議所のみなさま】
【KITPIN 参加のキッチンカーのみなさま】
【松山商工会議所のみなさま】
ネオ・キッチンカービジネスに多大なご協力、本当にありがとうございます。

【焼肉京城園　柳井】
【ワンダーポケット　泉】
【トミー】
【やのせ】
【平田ちゃん】

【奥】

【山内さん】

【のまーりお】

【ピンコちゃん】

【うだちん】

【とみい】

【さっきー】

【ひがき】

【きんちゃん】

【もとき】

【えいじ】

【とおる】

【くるくる】

【ぴーひろ】

Special Thanks

【たまきくん】
【がすにー】
【ぎー】
【あべちゃん】
【はまけん】
【なおよし】
【ますこー】
【なおき】
【マダム】
【おっきー】
【だばちゃん】
【がみさん】
【いっしゃん】
【むーむー】

【たまのい】
【栄治】
【バンビ　松本さん】
【たくちゃん】
【まゆちゃん】
【ともくん】
【たき】
【きーちゃん】
【福田さん】
【片岡】
【たかのっち】
【きょうやっち】
【じゃん】
【裕くん】

Special Thanks

【大島くん】
【志摩】
【しんくん】
【瀧本】
【つよし】
【縁会　泉くん】
【まーくん】
【村上先生】
【盛重さん】
【十夢　みきねぇと公民館のみなさま】
【伊予匠ノ会のみなさま】
【サムライの会のみなさま】
【松山中央ライオンズクラブのみなさま】
【麻雀学習倶楽部のみなさま】

【サムライ和酒同好会のみなさま】
【月一会のみなさま】
【結の会のみなさま】
【E－Bのみなさま】
【サッカー関係のみなさま】
【店舗大家さま】
【松山北高、鴨川中学、潮見小の同窓生のみなさま】
【えひめ産業資源循環協会青年部会のみなさま】
いつも支えてくれて、いつも遊んでくれて、本当にありがとうございます。
【弊社サムライダイニングのスタッフのみなさん】
先の見えないビジネスを一緒に走ってくれてありがとう。
【晃】

【十川】
しんどい時も辛い時も、いつも一緒に戦ってくれて本当にありがとう。

【スピーチジャパン三橋さま】
【濱さま】
【元気ファクトリー　小島社長】
【文芸社　三宅さま】
【文芸社　吉澤さま】
出版にあたり、本当にお世話になりました。
ありがとうございます！

【親族のみなさま】
【なあちゃん、大地、大海、しんぺー、姉、弟そして最愛の母と父】
最大の理解者である家族のみんな、本当にありがとう。

最後になりますが、キッチンカービジネスに、サムライダイニングに、関わってくれている皆様、本当にありがとうございます。
サムライダイニングは、これからもどんどん走り続けます。

大政　大祐

著者プロフィール

大政 大祐（おおまさ だいすけ）

株式会社オーヴエンタープライズ　サムライダイニング代表取締役。

1973年生まれ。甲南大学を卒業後、地元愛媛の流通業、株式会社フジに就職。４年半従事した後、独立。

2001年に広島県廿日市市にて「だいだい」を出店。以後、地元松山を中心に店舗展開を行っている。

その後キッチンカー製作・経営戦略・キッチンカーレンタル、補助金申請のお手伝いなど、「キッチンカーに関わるすべて」を提案する。

今後は「走る居酒屋」を中心とした収益改善ビジネスモデルとして、フランチャイズを展開していく予定。


走る！居酒屋　営業利益58%の新ビジネス「ネオ・キッチンカー」の始め方

2023年10月15日　初版第１刷発行

著　者　大政 大祐
発行者　瓜谷 綱延
発行所　株式会社文芸社
〒160-0022　東京都新宿区新宿1－10－1
電話　03-5369-3060（代表）
03-5369-2299（販売）

印刷所　株式会社フクイン

ISBN978-4-286-24523-2